짧은 영미 시 모음

짧은 영미 시 모음

지은이: 윌리엄 셰익스피어 외
옮긴이: 신찬범
편집 및 주석: 신찬범
북커버 및 내지 디자인: 북스트릿
E-mail: invino70@gmail.com
Homepage: https://bookstreetpress.modoo.at
Blog: blog.naver.com/invino70
Fax: 0504-405-6711
펴낸곳: 북스트릿
초판 2023년 11월 24일

© 2023 북스트릿 BookStreet
북스트릿의 허락없는 이 책의 일부 또는 전부의 무단 복제, 전재, 발췌를 금합니다

ISBN: 979-11-90536-28-8

짧은 영미 시 모음

윌리엄 셰익스피어 외

북스트릿

머리말

　윌리엄 셰익스피어에서 딜런 토머스에 이르는 유명 영미 시인 52인의 시 147편과 작자 미상의 시 11편을 실었습니다. 되도록 짧은 시 위주로 추리고 엮었으며, 시가 그리 짧지 않더라도 평이하게 보이면 같이 담았습니다. 어떠한 주제든 길고 복잡한 것보다는 짧고 간단한 것부터 차근차근 시작함이 바람직해 보입니다. 짧은 시라고 다 쉽지야 않겠으나, 내용이 긴 시에 비해 수월히 다가갈 수 있을 듯합니다. 편집은 시인의 출생 연도순으로 하였습니다. 우리말로 옮긴 영미 시를 책의 앞에, 그 원시原詩를 뒤에 두었습니다.

　오늘날로 오면서 난해한 시가 나타나기도 해서, 시가 읽기 어렵다는 인식이 없지 않습니다. 그리고 그러한 인식 때문에 사람들이 시를 멀리하게 될지도 모릅니다. 하지만 애초에 시는 먼 옛날에 사람들이 그저 소박하게 흥얼거리던 노래에서 생겨났을 것입니다. 우리의 시 문학을 일컫는 우리말 "시가詩歌"와 시 또는 노래를 뜻하는 영어 "song"은 그 자취로 보입니다. 따라서 시는 쉽게 읽히고 마음에 당장 와닿아야 하며 이것이야말로 시의 본래 의미에 더 가깝다고 생각합니다. 이따금 어려운 시가 눈에 띌 수는 있어도, 시가 딱히 어렵게 쓰이거나 읽혀야만 할 까닭도 잘 떠오르지 않습니다.

　시는 쉽든 어렵든 음미하고 생각하고 즐기기 위해 있을 것입니다. 여느 시인과 마찬가지로 영미 시인도 음풍농월하고, 지난날을 추억하고, 사랑을 노래하고, 불의한 시절을 비판하며, 삶과 세상을 이야기합니다. 가벼운 마음으로 즐거운 시 읽기가 되기를 바랍니다.

옮긴이

짧은 영미 시

윌리엄 셰익스피어

내일, 내일, 그리고 내일이......1
불어라, 불어라, 겨울바람아......2
소닛 18 내가 그대를 여름날에 견주리?......3
소닛 29 세상 사람의 눈 밖에 나고 운명의 여신에게 외면당하여......4
소닛 116 참마음으로 이루어지는 사내와 아가씨의 혼인에는......5

토머스 캠피온

올곧은 삶......6

존 던

누구를 위하여 종은 울리나......8
죽음아, 우쭐대지 말거라......9

프랜시스 퀄스

마지막을 생각하라......10
보통 사람의 신앙심......10

헨리 킹

사람의 삶......11

토머스 커루

경멸을 돌려주다......12

알렉산더 포프

고독의 서정시......14
얕은 지식......16

존 아담스

백악관 축복..17

윌리엄 블레이크

어린 흑인 사내아이...18
굴뚝 청소하는 아이: 어머니 돌아가셨을 때 나는 아주 어렸어요......20
굴뚝 청소하는 아이: 눈 내린 날 새까만 어린아이......................22
웃음..23
런던..24

로버트 번스

엑린튼 경의 개..25
내 마음 하이랜드에 가 있네..26
붉은 장미...28
우리의 지난날...29

윌리엄 워즈워스

마음 설렌다..32
송가 10..33
구름처럼 쓸쓸히 헤매었다..34
그 아가씨 인적 없는 곳에 살았다...36
아름다운 저녁, 고요하고 아늑하다.......................................37

월터 스콧

루시 애쉬튼의 노래..38

새뮤얼 테일러 콜리지

한 아이의 질문에 답하다..39
희망 없는 일...40

월터 새비지 랜더

어이하여 푸념하나 41
그의 일흔다섯번째 생일에 42

토머스 캠벨

시 43

제인 테일러

별 44

리 헌트

제니가 내게 입맞춤하였네 46
아부 벤 애덤 47

조지 고든 바이런

우리 더는 헤매지 않으리 48
그녀가 아름답게 걷는다 49
어느 개의 빗돌 글 50
우리는 바빌론 강기슭에 앉아 울었네 51
시옹성의 소넷 52

퍼시 비시 셸리

사랑의 철학 53
오늘 웃으며 피는 꽃 54
넋두리 55

토머스 칼라일

오늘 56

헨리 워즈워스 롱펠로우

짧은 글..58
이득과 손실..59
세레나데...60
봄이 하냥 머무르지는 않으리...62
비 오는 날...64
삶의 시편..65
날이 저물다...68

에드거 앨런 포

헬렌에게...71
엘도라도...72

에드워드 피츠제럴드

오마르 카이얌의 루바이야트...74

알프레드 테니슨

공주님 중: 보드랍고 향긋하게..77
부서져라. 부서지고 부서져라...78
참나무..79
독수리..80

엘렌 스터지스 후퍼

내가 잠들어, 삶이 아름답다고 하는 꿈을 꾸었네.........................81

로버트 브라우닝

최고의 선善...82
피파의 노래...83

샬럿 브론테

삶...84

헨리 데이비드 소로

내 삶은 내가 짓고자 하였던 시였다. 86

진정 따뜻한 마음은 맑고 거룩한 친밀함이다. 86

에밀리 브론테

나뭇잎이여, 떨어져라. 87

밤의 어두움이 내 둘레에 드리우고 88

은거隱居 89

하루 종일 애썼으나, 괴롭지 않았다 90

내 넋은 비겁하지 않도다 92

동정심 94

늙은 금욕주의자 95

아서 휴 클러프

투쟁이 부질없다고 말하지 말아라 96

월트 휘트먼

아, 선장! 우리 선장! 98

흔들림 없는 나 100

한 사람 한 사람을 읊는다 101

내 시 1 102

조지 맥도널드

가장 짧고 사랑스러운 시 103

헤어짐 103

위로 아래로 104

에밀리 디킨슨

책 105

말......106
나는 아무개라오! 그대는 뉘시오?......106
명성은 벌과 같다......107
분에 넘치는 광기는 그지없이 숭고한 이성이라오......107
너른 풀벌을 일구려면......108
사랑......108
누군가의 아픈 마음을 달랠 수 있다면......109

엘렌 마리아 헌팅턴 게이츠

구출......110
달콤한 잠 이루시라......111
내일......112
참마음......112

호아킨 밀러

세상 사람이 악당이라고 꾸짖는 사람들에게서......113

윌리엄 어니스트 헨리

불굴......114

엘라 휠러 윌콕스

세상에 꼭 있어야 하는 것......116
운명의 바람......116
바다 물결......117
지구......118
연대가 돌아왔을 때......119
그대는 어느 갈래의 사람이오?......120
보배로움......122
되풀이......124

헨리 반 다이크

집을 읊다 125
삶 126
시간은 127

에드윈 마크햄

한 수 윗길 128
조금 더 노래하자 129
걸맞은 부류의 사람들 130

시어도어 루즈벨트

광장에 서 있는 이 131

알프레드 에드워드 하우스먼

내 나이 스물하나일 때 132

햄린 갈런드

산은 외로운 벗들 133
바람이 두려운가? 134

리처드 호비

바다의 집시 135
철학 136
네거리에서 137

러디어드 키플링

만약에 140

윌리엄 버틀러 예이츠

버드나무 빈터에서 142

젊은이의 노래	143
흐르는 시간과 함께 오는 지혜	144
젊음과 늙음	144
이녘이 늙었을 때	145
위대한 날	146
술의 노래	146
하늘의 옷감을 바라다	147
이니스프리의 호수 섬	148

윌리엄 헨리 데이비즈

가르침	149
내 젊음	150
한가로움	151

스티븐 크레인

한 사내가 하늘땅에게 말하였다	152
광막한 세상이 저 멀리 떠나가도	152
한 사내가 하늘에 떠 있는 금덩이를 보았다	153
내 생각대로 생각하여라	153
지평선에 이르려 하는 한 사내를 보았다	154
어느 박식한 이가 내게 다가와	154
그 옛날 한 사내가 홀연히 나타나	155

맥스 어맨

이따금 사람들로 북적이는 시장에서	156
흘려보내라	157
바라는 바	158

아서 채프먼

거기에서부터 서부라네..160

로버트 프로스트

가지 않은 길..162
쓰러져 있었다..164
불과 얼음..164
눈 내리는 저녁 숲가에 서서..165

칼 윌슨 베이커

내가 나이 들수록 더 아름다워지기를..166

딜런 토머스

아늑한 밤이 오더라도 속절없이 잠들지 마세요........................167

작자 미상

늘 끝을 보아라..169
아는 자..169
세 개의 문..170
제안..171
내 마음을 찾아 나섰다...171
결의..172
하느님과 군인..172
아, 영국이여!..173
못 한 개가 모자라...173
사람의 나이...174
이 길을 두 번 다시 지나지 않을 터이니...................................174

원시

William Shakespear
Tomorrow, and Tomorrow, and Tomorrow......177
Blow, Blow, Thou Winter Wind......177
Sonnet 18 Shall I Compare Thee to a Summer's Day?......178
Sonnet 29 When, in Disgrace with Fortune and Men's Eyes......179
Sonnet 116 Let Me not to the Marriage of True Minds......180

Thomas Campion
Integer Vitae......180

John Donne
For Whom the Bell Tolls......182
Death, Be not Proud......183

Francis Quarles
Respice Finem......184
Of Common Devotion......184

Henry King
Sic Vita......185

Thomas Carew
Disdain Returned......186

Alexander Pope
Ode on Solitude......187
A Little Learning......188

John Adams
White House Blessing...189

William Blake
The Little Black Boy..189
The Chimney Sweeper: When my mother died I was very young.......191
The Chimney Sweeper: A little black thing among the snow.............192
The Smile...193
London..194

Robert Burns
On a Dog of Lord Eglinton's..195
My Heart's in the Highlands..195
A Red, Red Rose...196
Auld Lang Syne..197

William Wordsworth
My Heart Leaps Up..200
Ode 10..201
I Wandered Lonely as a Cloud...202
She Dwelt among the Untrodden Ways....................................203
It is a Beauteous Evening, Calm and Free.................................203

Walter Scott
Lucy Ashton's Song...204

Samuel Taylor Coleridge
Answer to a Child's Question..205
Work without Hope..205

Walter Savage Landor

Why, Why Repine..206
On His Seventy-fifth Birthday...207

Thomas Campbell

Song...207

Jane Taylor

The Star...208

Leigh Hunt

Jenny Kiss'd Me..209
Abou Ben Adhem..210

George Gordon Byron

So We'll Go No More a-Roving..211
She Walks in Beauty...211
Epitaph to a Dog...212
By The Rivers of Babylon We Sat Down and Wept.........213
Sonnet on Chillon...214

Percy Bysshe Shelley

Love's Philosophy...215
The Flower that Smiles To-day...216
A Lament..217

Thomas Carlyle

Today..218

Henry Wadsworth Longfellow

A Fragment...219
Loss and Gain..219
Serenade..220
It is not Always May..221
The Rainy Day..222
A Psalm of Life...223
The Day is Done...225

Edgar Allan Poe

To Helen..227
Eldorado..228

Edward Fitzgerald

The Rubaiyat of Omar Khayyam.............................230

Alfred Tennyson

from The Princess: Sweet and Low..........................232
Break, Break, Break..232
The Oak..233
The Eagle..234

Ellen Sturgis Hooper

I Slept, and Dreamed that Life was Beauty..............235

Robert Browning

Summum Bonum..235
Pippa's Song...236

Charlotte Brontë

Life..236

Henry David Thoreau

My Life has been the Poem I would have Writ..................237
True Kindness is a Pure Divine Affinity............................238

Emily Brontë

Fall, Leaves, Fall..238
The Night is Darkening round Me......................................238
Retirement...239
All Day I've Toiled, but not with Pain................................240
No Coward Soul is Mine..241
Sympathy...242
The Old Stoic..243

Arthur Hugh Clough

Say Not the Struggle Naught Availeth...............................244

Walt Whitman

O Captain! My Captain!...245
Me Imperturbe..246
One's-Self I Sing...246
Song of Myself 1...247

George MacDonald

The Shortest and Sweetest of Songs..................................248
Parting...248
Up and Down...249

Emilly Dickinson

A Book..250
A Word..250
I'm Nobody! Who are You?.....................................251
Fame is a Bee...251
Much Madness is Divinest Sense............................251
To Make a Prairie...252
Love..252
If I Can Stop One Heart from Breaking...................252

Ellen Maria Huntington Gates

Salvage...253
Sleep Sweet..253
To-morrow..254
Sincerity..254

Joaquin Miller

In Men Whom Men Condemn as Ill.........................255

William Ernest Henley

Invictus...256

Ella Wheeler Wilcox

The World's Need...257
The Winds of Fate..257
The Tides..258
The Earth..258
When the Regiment Came Back..............................259
Which Are You?..260

Worth While..261
Repetition..262

Henry Van Dyke

A Home Song..263
Life..263
Time is...264

Edwin Markham

Outwitted..265
Sing a While Longer...265
The Right Kind of People..266

Theodore Roosevelt

The Man in the Arena..267

Alfred Edward Housman

When I was One-and-Twenty..268

Hamlin Garland

The Mountains are a Lonely Folk...269
Do You Fear the Wind?...269

Richard Hovey

The Sea Gypsy..270
Philosophy...270
At the Crossroads..271

Rudyard Kipling

If...274

William Butler Yeats

Down by the Salley Gardens..276
The Young Man's Song...276
The Coming of Wisdom with Time.......................................277
Youth and Age..277
When You are Old..278
The Great Day..278
A Drinking Song...279
He Wishes for the Cloths of Heaven....................................279
The Lake Isle of Innisfree...279

William Henry Davies

The Example...280
My Youth..281
Leisure...282

Stephen Crane

A Man Said to the Universe..283
Should the Wide World Roll Away......................................283
A Man Saw a Ball of Gold in the Sky..................................283
Think as I Think..284
I Saw a Man Pursuing the Horizon.....................................284
A Learned Man Came to Me Once......................................285
Once There Came a Man...285

Max Ehrmann

Oft in Crowded Mart..286
Let Pass..287

Desiderata..288

Arthur Chapman
Out Where the West Begins..................................289

Robert Frost
The Road not Taken..290
Lodged..291
Fire and Ice..291
Stopping by Woods on a Snowy Evening................292

Karle Wilson Baker
Let Me Grow Lovely, Growing Old-.......................293

Dylan Thomas
Do not Go Gentle into that Good Night...................293

Anonymous
Always Finish..295
He Who Knows...295
The Three Gates...296
Proposal..296
I Sought My Soul...297
Determination...297
God and the Soldier..297
Oh, England!...298
For Want of a Nail...298
The Ages of Man...299
I Shall not Pass This Way Again............................299

시인 목록..300

짧은 영미 시

..., 나의 삶을 다시 살아야 한다면, 못해도 일주일에 한 번은 몇몇 시와 음악을 읽고 듣는 버릇을 들이겠다. 그리하면 지금은 쇠퇴한 내 두뇌의 일부가 끊임없이 부지런히 움직여서 활기를 띨 수도 있으니까. 이러한 취향의 손실은 곧 행복의 손실을 뜻하고, 어쩌면 지성을 그르칠지 모를 일이며, 적어도 우리 본성의 감성적인 면이 약해지는 탓에 도덕적 인격을 그르치게 되리라.

찰스 다윈 ("찰스 다윈 자서전" 중)

윌리엄 셰익스피어

내일, 내일, 그리고 내일이

내일, 내일, 그리고 내일이

하루하루 시나브로 다가와

세월이라 일컬어지는 글의 마지막 음절에 이른다.

우리의 지난날은 흙먼지 자욱한 죽음의 길을 바보들에게 밝히고 있다.

꺼져라. 꺼지거라. 허망한 촛불아!

사람의 삶은 한낱 걸어 다니는 그림자이고

무대 위에 선 동안 우쭐대거나 마음 졸이는 애처로운 배우에 지나지 않으니

이윽고 그가 하는 말 들리지 않는다.

바보가 늘어놓는 넋두리이기도 하여 분노와 아우성으로 가득하나

아무런 의미 없도다.

"맥베스" 5막 5장에 있는 맥베스의 독백이다. 권력욕에 눈이 먼 맥베스는 온갖 악행을 저질러, 기어이 파멸의 길을 걷는다. 마지막 결전을 앞두고서야 이처럼 뒤늦게 인생의 허무함을 이야기한다.

불어라, 불어라, 겨울바람아

불어라, 불어라, 겨울바람아

너는 그리 몰인정하지 않으니

사람의 배은망덕에 비할 바이랴.

네가 아무리 거세게 불어와도

네 모습 보이지 않으매

네 이는 그다지 매섭지 않구나.

에헤라! 노래 부르세, 에헤야! 푸른 사철나무를.

우정은 열에 아홉 거짓이요, 사랑은 열에 아홉 그저 어리석음이라네.

에헤라, 사철나무야!

우리네 세상살이 하 즐거워라.

얼어붙어라, 얼어붙어라, 혹한의 하늘아

네 맹추위에도 추운 줄 모르겠으니

잊힌 은혜에 견줄 바이랴.

너 바닷물이 거칠게 몰아쳐 와도

별로 아프지 않으매

잊힌 벗에 비할쏘냐.

에헤라! 노래 부르세, 에헤야! 푸른 사철나무를.

우정은 열에 아홉 거짓이요, 사랑은 열에 아홉 그저 어리석음이라네.

에헤라, 사철나무야!

우리네 세상살이 하 즐거워라.

"당신이 좋으실 대로" 2막 7장에 있는 애미언스의 노래이다. 형제에게 쫓겨나서 동병상련의 형편에 놓인 공작과 올랜도의 처지를 읊고 있다.

소닛 18 내가 그대를 여름날에 견주리?

내가 그대를 여름날에 견주리?

그대는 한결 상냥하고 아리따워라.

5월의 어여쁜 꽃봉오리 모진 바람에 시달리고

여름은 우리 곁에 겨우 스치듯 잠깐 머문다.

이따금 하늘에서 햇볕이 쨍쨍 내리쪼이고

때로 그 황금빛 낯이 구름에 가리어진다.

곳곳의 아름다움이 더러 이울고

우연에 따라 아니면 자연의 달라지는 흐름에 따라 추레해지기도 한다.

허나 그대의 영원한 여름은 시들지 않거니와

그대의 아름다움도 잃을 리 없으리라.

죽음이 제 그늘에서 그대가 헤맨다고 자랑할 일도 없으매

끝없이 읊어지는 내 시와 함께 그대는 갈수록 아름다워지네.

  세상 사람 살아 숨 쉬고 눈앞을 보는 한

  이 시는 남아 있을 터라, 그대의 생기를 북돋우리.

소닛(sonnet): 14행으로 이루어진 짧은 시.
우리말 사전에는 "소네트"라고 되어 있으나, 2음절로 된 원음에 가까운 "소닛"으로 표기하였다.

소닛 29 세상 사람의 눈 밖에 나고 운명의 여신에게 외면당하여

세상 사람의 눈 밖에 나고 운명의 여신에게 외면당하여

이토록 버림받은 내 신세 때문에 외로이 눈물 흘리고

귀머거리 하늘에 대고 헛되이 소리쳐 귀찮게도 하고

내 형편을 생각하며 이 기구한 팔자를 저주한다.

나보다 밝은 앞날을 바라보는 이처럼 되었으면 하고

외모가 뛰어난 이 동무를 샘하고, 많은 벗에 에워싸인 저 동무를 부러워하고

이이의 재주와 저이의 야망을 바라며

내 가장 큰 즐거움도 심드렁하기만 하다.

이러한 생각을 하는 내가 못내 한심하다 싶을 즈음에

때마침 그대가 떠올라 내 처지를 돌이켜보게 되니, 그러면 나는

동틀 녘 어스름한 땅을 박차고 하늘로 날아올라

천국의 문 앞에서 찬양의 노래를 부르는 노고지리와 같이 즐거워라.

  그대의 달금한 사랑을 생각하면 내 마음에 가멸이 넘쳐흐르니

  내 운명, 왕이라 한들 바꾸랴.

소닛 116 참마음으로 이루어지는 사내와 아가씨의 혼인에는

참마음으로 이루어지는 사내와 아가씨의 혼인에는
아무런 헤살도 없어야 할지라.
형편이 바뀌었다고 변하거나 마음이 돌아섰다고 달라진다면
그 사랑은 사랑이 아니어라.
아무렴, 아니고말고! 사랑은 폭풍우에 정면으로 맞서고
그럼에도 흔들림 없이 늘 제자리를 지키는 지표指標와 같다.
바다에서 헤매는 배가 나아가야 할 길을 알려 주는 별과도 같아서
사람들은 별이 얼마나 높이 떠 있느냐만 따질 뿐이고, 그 진정한 가치를 허술히 넘긴다.
사랑은 세월의 어릿광대가 아니다.
설령 시절이 흐르고 흘러 붉은 볼과 입술이 시든다 하더라도.
참사랑은 하루아침에 변하지 않고
세상이 끝나는 날까지 이어지나니.
  이 말이 그릇되고 누구든 내게 그 그릇됨을 증명하였다면
  아예 붓을 놓았으리. 그 누구도 사랑하지 않았으리.

6행의 지표는 부표와 돌무더기 같은 항로 표지(seamark) 또는 등대를, 7행의 별은 북극성을 뜻하는 듯하다. 수평선에서 북극성까지의 높이는 위도에 따라 달라지므로, 항해 중에는 북극성이 떠 있는 높이를 고려하여야 한다.

토머스 캠피온

올곧은 삶

올곧은 삶을 사는 이는
거리낌 없는 마음속에
거짓된 짓이나
덧없는 생각을 떠올리지 않는다.

순박한 즐거움을 누리며
평온한 세월을 보내는 이는
헛된 희망에 속지 않고
깊은 슬픔에 절망하지 않는다.

무릇 그러한 인물에게는
적의 공격을 물리치기 위한 갑옷이나 성채城砦야 아무 쓸모없고
거세고 사나운 천둥 번개를 피하기 위한
남모르는 은신처도 거추장스럽다.

그러한 인물만이
깊은 바닷속의 공포와
아득한 창공의 무서움을
두려움 없는 눈빛으로 바라볼 수 있다.

그리하여 그이는 행운이나 불운이 불러일으키는
온갖 걱정과 시름을 하찮게 여기고
천국을 지혜의 책으로 삼으며
그이의 슬기로움을 더없이 고결하게 끌어올린다.

어진 생각만이 벗이고
훌륭하게 보낸 세월이 전 재산이며
이 세상은 그이의 나그네 삶이 머무르는 소박한 객줏집이자
고즈넉한 순례길이라네.

존 던

누구를 위하여 종은 울리나

그 누구도 오롯이 홀로 외떨어진 섬이 아닐지니

사람은 다 광활한 대륙의 한 자락이고

드넓은 바다의 일부분이다.

진흙 한 덩이일지언정 파도에 휩쓸려 나간다면

유럽의 땅덩이는 더 작아질지라.

바다로 뻗은 곶이 그러하고

그대가 다스리는

아니면 그대의 벗이 다스리는 땅도 그러하다.

그 누구라도 세상을 떠난다면 내 마음 한구석도 허물어질 터이니

나는 세상 사람과 얽히고설키어 살아가고 있기 때문이다.

그러니 구태여 사람을 보내어

누구를 위하여 종이 울리나 알려 하지 말게나.

종은 바로 그대를 위하여 울리므로.

이 글은 시인의 책 "고난한 때의 믿음(Devotions upon emergent occasions)" 중 한 구절로, 원래는 시가 아닌 산문이다. 시인은 세상을 떠난 이를 애도하는 뜻으로 치는 조종弔鐘이 나와 그대와 우리 모두를 위하여 울리고 있다고 말한다. 어니스트 헤밍웨이가 소설 제목으로 인용했다.

죽음아, 우쭐대지 말거라

죽음아, 우쭐대지 말거라.
설령 어떤 사람들이 너를 두고 하 억세니 두렵니 할지 모르나
너는 바이 그렇지 않으므로.
불쌍한 죽음아, 네가 쓰러뜨렸다고 여기는 이들은 죽지 않거니와
너는 내 목숨도 빼앗지 못한다.
네가 머릿속에 고작 떠올릴 수 있는 잠과 쉼에는 숱한 즐거움이 있으매
네게서는 더한 즐거움이 흘러나오지 않으랴.
우리의 더없이 훌륭한 인물이 그 누구보다 먼저 너와 같이 저승길을 걷더라도
그네들이 몸을 쉬이고 넋의 구원을 받느니라.
너는 우연과 운명과 왕들과 절망한 자들의 노예이고
독과 질병과 전쟁과 뒤엉켜 지내고 있으며
약이나 주문呪文도 너만큼이나 우리를 잠재울 수 있을뿐더러
네 들이닥침보다 훨씬 나을진대, 네가 오만할 까닭이 무에냐?
우리는 짧게 잠든 뒤에 영원히 깨어나리니
더 이상 죽음은 없도다. 죽음아, 너는 죽게 되리라.

시인은 죽음을 의인화하여 꾸짖고 있다. 죽음에 굴하지 않겠다는 결기가 느껴진다.
마지막 행은 고린도전서 15장 26절을 이야기하는 듯하다고 한다.
"맨 나중에 멸망받을 원수는 사망이니라."(성경전서 (대한성서공회))

프랜시스 퀄스

마지막을 생각하라

내 넋이여, 너 구경꾼이여, 거기 진득하게 앉아라.
연극이 끝날 때까지는 섣불리 판단하지 말아라.
이야기에는 많은 굴곡과 뒤바뀜이 있다.
새로운 장면이 매일 나타난다. 절정은 끝판에 가서야 이루어지나니.

보통 사람의 신앙심

우리는 우리의 하느님과 병사들을 떠받들고 사랑하니
백척간두에 처하였을 때 그러하고, 그 전에는 그렇지 아니하다.
위기에서 벗어나면, 하느님과 병사들에게 진 신세를 갚으니
하느님을 잊고, 병사들을 시들하게 여기네.

헨리 킹

사람의 삶

밤하늘에서 떨어지는 별똥별과 같이

하늘을 나는 독수리와 같이

산뜻한 초봄의 고운 빛과 같이

아침의 맑은 이슬과 같이

시냇물을 스치는 바람과 같이

강물 위로 치솟는 물보라와 같이

사람도 그러하여, 그이가 빌려 쓴 빛이

어느새 불리어서 밤에 되돌려 주어야 하네.

바람이 자고, 물보라가 가라앉고

봄이 가을에 묻히고

아침 이슬이 마르고, 별이 사라지고

하늘의 독수리도 아스라이 멀어지며, 사람은 잊히누나.

토머스 커루

경멸을 돌려주다

장밋빛 볼을 사랑하거나
분홍빛 입술에 감탄하거나
별처럼 빛나는 눈을 좋아하는 이는
그 아름다움에서 열정을 불태우는 장작을 얻는다.
세월이 흘러 아름다움이 시들면
열정도 사그라진다.

하지만 나긋하고 한결같은 됨됨이와
다정한 생각과 차분한 바람과
두루 사랑하는 마음을 지닌 임을 보게 되면
절대 꺼지지 않는 열정이 타오르리니.
그러하지 않은 임이라면
아름다운 눈과 볼과 입술을 하찮게 여기리.

셀리아, 아무리 눈물 흘릴지라도
내 굳은 결심을 되돌리지 못하오.
나는 이녁의 마음을 구하였으나
오만과 경멸만을 보았네.

이제 이녘의 기교를 알았으니

이녘만큼 업신여길 수 있으리.

다만 내 복수의 힘이

내가 그만둔 그녀를 향한 사랑을 고스란히 보내어 주기를.

"이녘"은 자기 자신 또는 상대방을 일컫는 말이다. 가깝게 지내거나 격식을 덜 차려도 좋은 상대를 친근하게 부를 때 두루 쓰여 왔다. 푸근한 느낌의 이인칭 대명사로 보인다.

알렉산더 포프

고독의 서정시

바라거나 돌보아야 하는 일이
조상 대대로 물려받은 아담한 땅뙈기 밖으로 벗어나는 법이 없고
태어나 자란 마을에서 들이쉬는 고향의 공기가 마뜩한 이는
흐뭇하여라.

소 쳐서 우유 얻고, 밭 갈아 빵 굽고
양 길러 옷 해 입으며
여름이면 숲에 가서 더위 물리칠 그늘을
겨울이면 불 피울 장작을 구하네.

몇 시간, 며칠, 몇 해가
이러구러 흘렀음을 느직하게 깨닫는 이는 복 받은 사람이니
몸은 튼튼하고 마음은 담담하여
하루하루가 평온하다.

밤에는 속잠 자고, 느긋하게 공부하고
공부와 쉼이 좋이 어우러지어 한가하고 유쾌하여라.

깊은 생각에 잠기어 지내는 순박한 삶은
즐겁기 이를 데 없도다.

그러하니 홍진紅塵에서 벗어나 가만히 살고저.
곁에 내 죽음을 슬퍼하는 사람 하나 없이 세상을 등지고저.
이 삶을 훌쩍 떠나
내가 누운 자리를 알리는 빗돌 하나 남기지 않으리.

"마뜩하다"는 말은 오늘날 부정적 표현인 "마뜩하지 않다"는 말로 주로 쓰인다. 그러나 우리말 본래의 뜻을 제대로 살려 쓰는 게 바람직해 보이기에, 첫 연에 긍정적 표현으로 썼다.

얕은 지식

얕은 지식은 위험하다.

한껏 들이켜라. 그러지 않으려면 시의 샘에는 입도 대지 말아라.

겨우 몇 모금의 샘물을 마신다면 머릿속이 흐리멍덩하게 되겠으나

실컷 마시고 나면 제정신이 돌아온다.

시의 여신이 보여 주는 절경을 난생처음 보노라니, 우리의 열정이 타올라서

젊은이의 객기를 부려 예술의 산에 허위허위 오르려 하네.

우리 마음의 나지막한 지평선에서야

가까운 경치나 보일까, 그 너머는 보이지 않는다.

하지만 더 나아가 보아라. 낯선 경이로움을 느낄 터이니

끝없는 지식의 새롭고 드넓은 광경이 펼쳐져 있지 않은가!

우리가 오르려 하는 소소리 높은 알프스를 첫눈에 보았을 때야 마냥 즐겁고

골짜기를 지나니 하늘 위를 걷는 기분이다.

눈앞에 나타났던 만년설이 어느덧 등 뒤에 가 있고

처음에 마주쳤던 산도 구름도 끝이 보이는 듯하다.

허나 다 왔다 싶을 즈음 우리는 두려움에 떨게 되니

길은 갈수록 멀어 보이고 고달파질 뿐이다.

차츰 광활하게 내다보이는 풍경에 우리의 눈은 지치고 갈 곳 몰라 헤맨다.

산 너머로 또 다른 산이 어슴푸레 보이고, 알프스 위로 또 다른 알프스가 아득히 솟아 있도다!

시의 샘(the Pierian Spring): 피에리아의 샘. 그리스 피에리아에 있다고 전해지는 성스러운 샘. 그 샘물을 마시면 지식과 예술적 영감을 얻는다는 전설이 있음.
시의 여신(the Muse): 뮤즈. 제우스의 딸들이자 지식과 예술을 맡는 아홉 여신.

존 아담스

백악관 축복

이 저택과 앞으로 이 저택에서 지낼 모든 이에게
하늘이 가없는 축복을 내려 주시기를 기원하오.
오로지 참되고 슬기로운 인물만이
이 지붕 아래의 식솔을 거느리게 되기를.

(백악관에서 보내는 편지에, 1800)

1945년에 존 아담스의 백악관 축복이 백악관 영빈관의 벽난로 선반에 조각됐다.
(Adams's blessing was carved into the state dining room mantel in 1945.)

존 아담스: 제2대 미국 대통령.
사진 출처: Wikimedia Commons

윌리엄 블레이크

어린 흑인 사내아이

남녘땅 어느 황무지에서 어머니가 나를 낳았어요.
내 겉모습은 검을지라도, 아! 속마음은 하얗지요.
내 또래 영국 아이들은 천사같이 하얗지만
나는 빛이 내게서 모조리 떠나버린 양 까맣답니다.

어느 선선한 아침에 나무 그늘에 앉아서
어머니가 내게 일러 주었어요.
나를 무릎에 앉히고 입 맞추고는
동녘 하늘을 가리키며 말하였지요.

저 떠오르는 해를 보렴. 저곳에 하느님이 계셔서
밝은 햇빛, 따뜻한 햇볕을 내려 주셔.
그 덕분에 꽃하고 나무하고 짐승하고 사람이
아침에는 평안함을 한낮에는 기쁨을 누리지.

우리가 사랑의 빛을 배겨 내는 법을 깨칠 때까지
우리에겐 이 세상에서 조그마한 땅만이 허락된단다.

이 검은 몸과 햇볕에 그을린 낯은
다만 구름에 지나지 않아. 마치 그늘진 숲처럼.

마침내 우리 넋이 햇볕을 배겨 내는 법을 깨치면
구름이 걷히고, 이러한 하느님 말씀이 들릴 거야.
내가 아끼고 사랑하는 아들딸들아, 숲에서 나오거라.
내 황금빛 천막 둘레를 돌며 어린 양들처럼 즐거워하여라.

어머니가 이렇게 말하고, 내게 입 맞추었어요.
그래서 나도 영국 사내아이에게 이렇게 말하지요.
내 검은 구름과 그 아이의 하얀 구름이 사라지는 날이 오면
우리가 하느님의 천막 둘레를 돌며 양처럼 신날 거라고.

그 아이가 햇볕을 배겨 낼 때까지 내가 그 아이를 가려 주겠어요.
그 아이가 기뻐하며 우리 아버지 하느님의 무릎에 기대겠지요.
그러면 내가 일어서서 그 아이의 은빛 머리를 쓰다듬겠어요.
나도 그 아이와 같이 될 테고, 그 친구도 나를 사랑하겠지요.

시인은 어린 흑인 사내아이의 이야기를 통하여, 남녘땅 아프리카에서 흑인을 데려와 노예로 부렸던 당시의 풍조와 그 부당함을 밝히고 있으며, 백인과 동등한 하느님의 아들딸로 흑인을 대하여야 한다고 말하고 있다.

굴뚝 청소하는 아이: 어머니 돌아가셨을 때 나는 아주 어렸어요

어머니 돌아가셨을 때 나는 아주 어렸어요.
어눌한 말투로 "굴뚝 청소하세요! 청소요! 청소요! 청소요!"
겨우 이렇게 외칠 수 있을 무렵에, 아버지가 나를 팔았어요.
그리하여 여러분의 굴뚝을 청소하고, 그을음투성이가 되어 잠들지요.

톰 데이커라는 꼬마가 있는데
그 아이의 양털 같은 곱슬머리가 깎일 때 흐느껴 울길래 내가 말했어요.
"톰! 조용히 해. 걱정하지 마. 네가 까까머리가 되면
네 금발 머리가 검댕으로 더럽혀지는 일이 없을 거야."

그러자 톰이 잠자코 있었고, 그날 밤
톰이 잠들더니 놀라운 꿈을 꾸었어요!
딕, 조, 넷, 잭, 그 밖에 수천의 굴뚝 청소하는 아이들이
죄다 컴컴한 관 안에 갇혀 있더래요.

그때 빛나는 열쇠를 지닌 천사가 와서
관을 열고 아이들을 다 자유롭게 해 주었어요.
이내 아이들이 푸른 들녘을 예서제서 깡충깡충 웃으며 달렸고요.
강에서 멱 감고, 햇빛을 받아 눈부시게 빛났어요.

맨몸의 티 없이 하얀 아이들이 연장 가방을 뒤에 두고
구름 위로 날아올라, 산들바람을 맞으며 놀았어요.
그때 천사가 톰에게 말했지요. 톰이 착하게 지낸다면
하느님을 아버지로 두게 되고, 한없는 기쁨을 누린다고.

톰이 잠에서 깨었고, 우리는 어두움 속에서 일어났어요.
솔과 가방을 챙겨 일하러 나갔지요.
아침 날씨가 추웠지만, 톰의 마음은 따뜻하고 흐뭇했어요.
세상 사람이 제 할 바를 다 해낸다면, 아무런 위험도 두려워할 나위가 없을 테지요.

시인은 두 편의 "굴뚝 청소하는 아이"라는 시를 통해 당시 영국에 만연했던 아동 노동을 비판했다. 일부 사람들이 아이들의 작은 몸집이 좁은 굴뚝을 청소하는 데 알맞다고 여긴 탓에, 많은 아이들이 가혹한 노동에 시달렸고 사고나 질병으로 목숨을 잃기도 했다. 아이들이 삭발한 까닭은 굴뚝에 남은 잔불이 머리카락에 옮겨붙지 않게 하기 위해서였다.

굴뚝 청소하는 아이: 눈 내린 날 새까만 어린아이

"굴뚝 청소하세요! 청소하세요!" 눈 내린 날
새까만 어린아이가 슬픈 말투로 외친다!
"네 어버이는 어디 계시니? 응?"
"기도하러 교회에 갔어요.

내가 황량한 들녘에서도 흥겨워하고
겨울 눈밭에서도 웃었기에
두 분은 내게 죽음의 옷을 입히고
처량한 가락의 노래를 가르쳐 주었어요.

내가 기뻐하며 춤추고 노래하기에
두 분은 내게 아무런 아픔도 남기지 않는다고 생각하지요.
내 곁을 떠나 하느님과 목사님과 왕을 경배하러 갔는데
하느님과 목사님과 왕은 우리의 불행을 천국으로 여기시네요."

시인은 마지막 연에서 "하느님과 목사님과 왕"으로 상징되는 정치와 종교가 아동 노동의 문제에 적절한 조치를 하지 않고 손놓고 있다고 말하는 듯하다.

웃음

사랑이 자아내는 방긋 웃음이 있으나
남을 속이려 하는 거짓 웃음이 있고
그저 남에게 보이려 하는 억지웃음이 있으니
이 거짓 웃음과 억지웃음은 서로 비슷하여 어울린다.

증오의 찌푸림이 있고
경멸의 찌푸림이 있으며
그저 찌푸린 겉모습을 보이려 하는 찌푸림이 있으니
우리가 부질없이 이를 잊으려 하지만, 잊히지 않는다.

이는 마음속 깊이
몸속 깊이 갇혀 있으므로.
우리가 짓는 웃음 가운데
진정한 웃음은 오직 하나밖에 없다.

요람에서 무덤까지
홀로 참된 하나의 웃음만을 지을 수 있나니.
모름지기 그 하나의 웃음만을 짓게 된다면
온 불행과 비극이 가뭇없이 사라지리라.

시인은 "사랑이 자아내는 방긋 웃음"만이 "홀로 참된 하나의 웃음"이라고 이야기한다.

런던

임자가 정하여진 거리를 헤맨다.
임자가 정하여진 템스강이 거리 옆으로 흐른다.
마주치는 사람들 얼굴에 저마다 쓰인
나약함과 비통함이 보인다.

모든 이의 모든 외침에서
모든 아이의 무서워 우는 울음에서
모든 목소리, 모든 금지령에서
마음으로 만들어진 쇠사슬의 철커덩거림이 들려온다.

굴뚝 청소하는 아이의 부르짖음에
검은 연기를 내는 온 교회는 그 얼마나 두려움에 떠는가.
애달픈 병사의 탄식에
궁궐 벽에는 그 얼마나 피가 흘러내리는가.

하지만 무엇보다 밤이 이슥토록 거리를 거닐다가 듣나니.
어떻게 젊은 창기의 저주로 말미암아
갓난아이의 눈물이 마르고
신혼의 꽃상여가 역병에 말라 죽는지를.

갓난아이의 눈물이 마르고 꽃상여가 말라 죽는 것은 보이는 것이지 들리는 것이 아니다. 아마도 저주의 목소리가 시인의 귀에 들려왔을 때 그러한 비극적인 장면이 눈앞에 떠올랐을 테지만, 시인은 들린다는 하나의 단어로 압축해서 표현했다. 시적 허용(詩的 許容, poetic license)으로 보인다.

로버트 번스

엑린튼 경의 개

나는 결코 허투루 짖지 않았고

까닭 없이 아무나 물지 않았어요.

나보다 약한 형제를 모욕한 적 없고

그 누구에게 거짓이나 폭력을 써서 잘못을 저지른 적도 없어요.

우리 짐승은 비천한 처지에 있네요.

세상 사람은 우리가 비천하다 말할 수 있으니, 오죽 기쁠까요.

내 마음 하이랜드에 가 있네

내 마음 하이랜드에 가 있네. 예 없네.
내 마음 하이랜드에 가 있네. 사슴을 쫓으며.
들 사슴을 쫓으며, 노루를 뒤따르며
내 마음 하이랜드에 가 있네. 나 어디에 있더라도!

잘 있거라 하이랜드여, 잘 있거라 북녘땅이여
용감한 이들이 태어나고, 고귀한 이들이 사는 곳.
나 어디를 헤매든 어디를 떠돌아다니든
하이랜드 고원을 영원히 사랑하리.

내 마음 하이랜드에 가 있네. 예 없네.
내 마음 하이랜드에 가 있네. 사슴을 쫓으며.
들 사슴을 쫓으며, 노루를 뒤따르며
내 마음 하이랜드에 가 있네. 나 어디에 있더라도!

잘 있거라. 봉우리에 눈 덮인 산들이여.
잘 있거라. 산 아래 탁 트인 골짜기와 푸른 계곡이여.
잘 있거라. 숲과 가파른 등성이의 수풀이여.
잘 있거라. 거센 물살과 우렁우렁 소쿠라지는 물줄기여.

내 마음 하이랜드에 가 있네. 예 없네.

내 마음 하이랜드에 가 있네. 사슴을 쫓으며.

들 사슴을 쫓으며, 노루를 뒤따르며

내 마음 하이랜드에 가 있네. 나 어디에 있더라도!

내 마음 하이랜드에 가 있네. 부디 안녕히.

하이랜드(Highland): 스코틀랜드 북부의 자치구.

붉은 장미

아, 사랑하는 내 임은
6월에 막 피어나는 붉디붉은 장미와 같아라.
아, 사랑하는 내 임은
달콤하게 울려 퍼지는 가락과 같아라.

내 어여쁜 아가씨, 그대 참으로 아리따우니
나 이리도 깊이 그대를 사랑하오.
내 사랑, 바닷물이 다 마를 때까지
그대를 사랑하리다.

내 사랑, 바닷물이 다 마를 때까지
바위산이 태양에 녹아내릴 때까지
내 사랑, 내 삶의 모래시계가 다하는 날까지
그대를 사랑하리다.

내 오직 하나의 사랑, 부디 잘 있구려!
다시 만날 때까지 잘 지내구려!
내 사랑, 내 다시 오리다.
구만리 머나먼 길 마다하지 않으리다.

우리의 지난날

옛 동무를 어이 잊으리.
어이 떠올리지 않으리.
옛 동무를 어이 잊으리.
그리고 우리의 지난날을.

우리의 지난날을 위하여, 내 벗이여
우리의 지난날을 위하여
정답게 잔 드세.
우리의 지난날을 위하여.

으레 자네는 잔을 들겠지!
나도 잔을 들려네!.
정답게 잔 드세.
우리의 지난날을 위하여.

우리의 지난날을 위하여, 내 벗이여
우리의 지난날을 위하여
정답게 잔 드세.
우리의 지난날을 위하여.

우리 둘은 뒷동산을 뛰놀며
어여쁜 들꽃을 모았지.
하지만 지난날을 뒤로하고
오랜 세월 지친 발걸음을 내디디며 헤매었네그려.

우리의 지난날을 위하여, 내 벗이여
우리의 지난날을 위하여
정답게 잔 드세.
우리의 지난날을 위하여.

우리 둘은 시냇물에서 뱃놀이했었지.
해 뜰 녘부터 해 질 녘까지.
하지만 지난날을 뒤로하고
우리 가운데에 광막한 바다가 거칠게 출렁였네그려.

우리의 지난날을 위하여, 내 벗이여
우리의 지난날을 위하여
정답게 잔 드세.
우리의 지난날을 위하여.

내 참된 동무여, 내 손을 잡게!
자네 손도 내밀게!

사이좋게 잔 기울이세.

우리의 지난날을 위하여.

우리의 지난날을 위하여, 내 벗이여

우리의 지난날을 위하여

정답게 잔 드세.

우리의 지난날을 위하여.

시인이 예로부터 전해 오던 스코틀랜드 민요인 "올드랭사인(Auld Lang Syne)"을 듣고서, 이를 시로 읊었다.

윌리엄 워즈워스

마음 설렌다

하늘에 뜬 무지개를 볼 때면

마음 설렌다.

어릴 적에 그러하였고

어른이 된 지금도 그러하고

늙어서도 그러하기를.

그러하지 않다면 차라리 세상을 등지는 편이 나으리!

아이는 어른의 아버지라.

내 타고난 믿음이

하루하루 이어지기를 바라노라.

송가 10

어릴 적 기억에서 영원불멸을 말하다

그러니 새들아, 노래하여라. 흥겨운 노래를 부르고 불러라!
북소리에 장단 맞추어
어린 양들이 뛰놀게 할지라!
생각에 잠겼던 우리도 너희와 함께하리니.
너희 피리 부는 아이들, 노는 아이들
오늘 마음껏
5월의 기쁨을 누리는 아이들과 함께!
한때 영롱하였던 빛깔이
내 눈앞에서 영영 사라졌다 한들 어떠리.
초원의 빛과 꽃의 영광이 있던 때를
아무래도 되돌리지 못한다 한들 어떠리.
우리는 슬퍼하지 않으리니
오히려 남아 있는 것에서 기운을 북돋우려 하네.
그동안 있어 왔고, 있어 왔어야만 하는
뿌리깊은 동정심에서
세상 사람의 고난을 보면 우러나오는
위로하고 싶은 마음에서
죽음 너머를 똑바로 바라보는 믿음에서
철인哲人의 마음가짐을 불러일으키는 세월에서.

구름처럼 쓸쓸히 헤매었다

산과 계곡 위에 하늘 높이 떠도는 구름처럼

쓸쓸히 헤매다가

문득 보았다.

황금처럼 빛나는 수선화가 흐드러지게 피어 있는 풍경을.

호숫가를 따라 나무들 아래에서

수선화가 산들바람에 한들한들 살랑이고 있었다.

미리내에서 반짝반짝 빛나는

아득히 펼쳐진 별처럼

호수 가장자리를 따라

수선화 무리가 끝없이 이어져 있더라.

얼핏 보기에도 헤아릴 수 없는 수선화가

즐겁게 하늘거리고 있더라.

수선화 무리 옆 호수에서 잔물결이 치고 있었지만

유쾌한 빛을 띠며 너울거리는 잔물결도 수선화에 비할 바 아니더라.

시인이 그토록 낙락한 벗을 곁에 두니

그저 흐뭇할밖에.

하염없이 바라보기만 하였으나, 미처 몰랐네.

그 절경이 내게 얼마나 값진 선물이 될지를.

이따금 긴 의자에 누워
우두커니 생각에 잠길 때면
불현듯 수선화가 떠오르니
외로운 내게 한없는 기쁨이라.
이내 내 마음은 흥에 겨워
수선화와 더불어 덩실거리네.

그 아가씨 인적 없는 곳에 살았다

그 아가씨 인적 없는 곳에 살았다.
비둘기 강 샘터 가까이에.
그녀를 칭찬하는 이 하나 없었고
사랑하는 이 드물었다.

이끼 낀 바위틈에 핀 제비꽃처럼
그 모습 보기 어려웠어라!
밤하늘에 홀로 외로이 빛나는
별처럼 아름다웠네.

루시는 세상과 동떨어져 살았고
그녀가 세상을 떠났음을 아는 이 거의 없더라.
허나 그녀가 잠들어 누워 있다니, 아,
내게는 하늘과 땅만큼의 차이로다.

아름다운 저녁, 고요하고 아늑하다

아름다운 저녁, 고요하고 아늑하다.

이 신성한 때는 마치

차분히 기도하는 수녀처럼 평온하다.

밝았던 해가 잔잔히 저물어 간다.

하늘의 고즈넉함이 바다 위에 머무른다.

귀 기울여 보려무나! 성스러운 존재가 잠에서 깨고

영원히 멎지 않는 움직임을 일으켜서

우레와 같은 소리가 끝없이 이어지는구나.

내 소중한 아이야! 곁에서 같이 걷고 있는 사랑하는 딸아!

설령 네게 거룩한 생각이 떠오르지 않는다 싶어도

네 타고난 고결함은 조금도 바래지 않는다.

너는 사시사철 아브라함의 품에서 지내고 있는 데다가

신전의 지성소에서 하느님을 찬양하고 있으니

우리가 깨닫지 못할지라도, 하느님은 늘 너와 함께하신다.

아브라함의 품: 병을 앓는 거지인 나사로와 부자의 이야기를 말하는 것으로 보인다.
누가복음 16장22절 참조.
"이에 그 거지가 죽어 천사들에게 받들려 아브라함의 품에 들어가고 부자도 죽어 장사되매"

월터 스콧

루시 애쉬튼의 노래

마음을 호리는 아름다움에 빠져들지 말고
왕들이 군대를 무장시키고 있거든 묵묵히 앉아 있고
잔이 빛나거든 술을 입에 대려 하지 말고
뭇사람이 귀 기울여 듣거든 입 떼지 말고
노래꾼이 노래하거든 귀 막으며
눈부신 금에 손댈 생각도 거두시라.
눈, 손, 마음을 텅 비운 채
한 세상 유유자적 살다 고이 떠나세.

이 시는 시인의 소설 "래머무어의 신부(The Bride of Lammermoor)" 중에 있다.

새뮤얼 레일러 콜리지

한 아이의 질문에 답하다

새들이 무슨 노래를 하느냐고 묻는 거니? 참새, 비둘기,
홍방울새, 지빠귀는 노래한다. "사랑하네. 사랑하네!"
겨울이면 새들은 조용히 지낸다. 바람이 거세게 불기에.
바람이 하는 말은 나도 알 수 없으되, 바람의 노랫소리 드높구나.
그러나 새싹이 파릇파릇 돋아나고, 꽃이 피고, 따스한 햇살이 비추면
노래와 사랑이 함께 되돌아온다.
종다리에게는 기쁨과 사랑이 넘쳐흐르고
아래에 푸른 들녘이 위에 파란 하늘이 있으니
종다리는 지저귀고 지저귄다. 끊임없이 이렇게 노래한단다.
"나는 내 임을 사랑하네. 내 임도 나를 사랑하네!"

희망 없는 일

1827년 2월 21일에 쓰다

자연 만물은 다 일하고 있나 보다. 민달팽이가 잠자리에서 나오고
벌들이 윙윙대고 새들이 날개를 퍼덕인다.
탁 트인 하늘에 잠들어 있던 겨울이
봄을 꿈꾸며 조용히 웃는구나!
한데 나는 홀로 바쁘지 않아서
꿀을 구하러 다니거나 짝을 찾으려 하거나 뭔가를 만들거나 시를 읊으려 하지 않는다.

하지만 바람에 살랑이는 아마란스가 저 멀리 강둑에 뚜렷이 보이고
넥타르가 흐르는 샘터도 찾아내었다.
아, 아마란스여, 활짝 피어라! 네가 좋아하는 이를 위하여.
나를 위하여 피지는 말아라! 가멸의 시냇물이여, 흘러라!
입술이 창백하고 행색이 초라한 나는 그저 서성인다.
내 넋을 홀린 마법의 주문이 궁금한가?
희망 없는 일은 넥타르를 체에 거름과 같다.
목적 없는 희망은 줄곧 이어지지 않는다.

아마란스: 전설 속의 영원히 시들지 않는 꽃.
넥타르: 그리스 신화의 신들이 마시는 술.

월터 새비지 랜더

어이하여 푸념하나

시름에 잠긴 벗이여
어이하여 흘러간 즐거움 때문에 그리 푸념하나?
무정한 운명은 우리에게 모든 즐거움을 허락하지 않고
애초에 그 어떠한 즐거움도 우리 곁에 하냥 머무르지 않네.

하늘에 뜬 무지개와
풀밭에 맺힌 이슬을 보네만
그저 바라보기만 할 뿐
이슬과 무지개가 빛나든 사라지든 그 까닭일랑 알려 하지 않네.

팔짱 낀 채로 이슬과 무지개가 돌아오기를
애타게 바라지도 않지. 부질없으므로.
예서 아니면 다른 어딘가에서
이슬과 무지개는 다시 빛나지 않겠는가.

그의 일흔다섯번째 생일에

나는 그 누구와도 다투지 않았다.
아무와도 맞붙어 싸울 만한 가치를 느끼지 못하였기에.
자연을 사랑하였고, 자연 다음으로 예술을 사랑하였다.
삶의 모닥불에 두 손을 다사로이 덥히었고
이제 불길이 잦아드니, 길 떠날 채비를 하련다.

토머스 캠벨

시

아, 우리 마음에 드는 임을 찾기가
어이 이다지 어려운가.
하필 우리가 사랑하는 임이
거짓되거나 매몰차거나 뒤늦게 나타난다면
운명의 장난에 한숨 쉬며 이렇게 읊을밖에.
아, 슬프도다. 내 신세 처량하여라!

사랑은 끝없이 타오르는 헛일이어서
기쁨의 샘물을 맛보기 어렵고
애달픔의 가시, 의심의 침針에서 벗어나기는
더욱이나 어렵다.
그럼에도 사랑은 달금함을 불러일으키네.
"아, 슬프도다!"라고 하며 한숨지을 때조차도.

제인 레일러

별

반짝반짝 작은 별아
나는 네가 참 궁금하구나!
세상 위 저 높은 곳에서
하늘의 다이아몬드처럼 반짝인다.

뜨거운 해가 저물고
햇빛이 사라질 무렵이 되면
이윽고 네 작은 빛이 나타나
밤새도록 반짝반짝 빛난다.

그러면 어두운 밤길을 걷는 나그네가
네 조그만 빛에 고마워하니
네가 그리 반짝이지 않았더라면
나그네 갈 곳 몰라 헤맸으리.

너는 검푸른 하늘에서 늘 제자리를 지키고 있구나.
더러 커튼 틈으로 너를 보아도

너는 눈 감고 잠드는 법이 없다네.
하늘에 해 뜰 때까지.

어두움 속 나그네를 비추어 주는
네 작고 밝은 빛.
너를 잘 모르더라도
하늘에서 빛나는 반짝반짝 작은 별.

리 헌트

제니가 내게 입맞춤하였네

제니가 나와 만났을 때 내게 입맞춤하였네.
앉아 있던 의자에서 훌쩍 뛰어와서는.
도둑질 장부에다가 온갖 달콤함을 신나게 적어 대는
너 시간이라 불리는 도둑아, 이 일도 써 놓아라!
내가 고달프다고 써라, 서글프다고 써라,
재물과 건강을 잃었다고 써라,
늙어 간다고 써라, 하지만 아울러 써 놓아라.
제니가 내게 입맞춤하였노라고.

아부 벤 애덤

아부 벤 애덤, 그의 가문이 번성하기를!
아부 벤 애덤이 어느 밤 깊고 평온한 꿈에서 깨어났을 때
활짝 핀 백합과 같이
방 안 가득 화사하게 비추는 달빛을 받으며
황금빛 책에 뭔가를 쓰고 있는 천사를 보았다.
넘쳐흐르는 평화로움을 느낀 벤 애덤이 담대해져서
방 안에 있는 천사에게 물었다.
"지금 무얼 쓰고 계시는지요?" 천사가 고개를 들더니
그지없이 인자한 얼굴을 하고 말하였다.
"하느님을 사랑하는 이들의 이름을 쓰고 있다오."
"제 이름도 그 책에 쓰여 있습니까?" 아부가 이렇게 묻자, 천사가 대답하였다.
"아니, 쓰여 있지 않다오." 아부가 조금은 나지막이
하지만 여전히 밝게 말하였다. "그렇다면 부탁드리건대
제가 벗과 이웃을 사랑하는 사람이라고 써 주소서."
천사가 책에 뭔가를 적고 사라졌다. 이튿날 밤
잠을 깨우는 놀라운 빛과 더불어 천사가 다시 나타나
하느님이 사랑으로 축복한 이들의 이름을 보였네.
아, 보아라! 벤 애덤이라는 이름이 명단 맨 위에 있지 않은가.

조지 고든 바이런

우리 더는 헤매지 않으리

우리 더는 헤매지 않으리
밤이 아무리 깊어 가더라도.
가슴속에 아직 사랑 가득하고
달이 아직 밝더라도.

칼집이 닳아도 칼은 그대로이고
가슴이 지쳐도 넋은 지치지 않는다.
마음은 한숨 돌릴 겨를이 있어야 하고
사랑도 쉴 틈이 있어야 하네.

밤이 사랑을 위하여 있고
아침이 빠르게 밝아오나
우리 더는 헤매지 않으리
달이 아무리 밝다 하여도.

그녀가 아름답게 걷는다

그녀가 아름답게 걷는다.
구름 한 점 없이 별이 빛나는 맑은 밤하늘같이.
밝음과 어두움으로 이루어진 온 으뜸의 아름다움을
그 눈가와 자태에 머금고 있기에
하늘이 화려한 낮에는 허락하지 않는
해맑은 빛을 받아 한결 그윽하다.

그녀의 검은 머릿결에서 물결치거나
낯을 부드럽게 밝히는 그리기 어려운 우아함은
빛이 조금만 어둡거나 밝았더라도
반으로 줄었으리.
다정한 생각이 차분하게 비치는
그 낯은 얼마나 순수하고 사랑스러운가.

그 볼에는, 그 낯에는
그토록 살갑고 잔잔한, 아울러 뚜렷하게 보이는
사람의 마음을 앗는 생긋 웃음과 고운 빛이 있으니
어질게 보낸 세월과
세상 만물과 정답게 지내려 하는 뜻과
순진한 사랑으로 가득한 마음을 담고 있어라!

어느 개의 빗돌 글

이 자리에

한 주검이 있으니

뽐내지 않는 아름다움과

오만하지 않은 힘과

거칠지 않은 용기와

사람의 악함을 뺀 미덕만을 지닌 벗이었다.

이러한 칭찬이 사람의 빗돌에 적힌다면

별 의미 없는 겉치레 치사致詞에 지나지 않겠으나

갑판장이라 불리던 개에게는

받아 마땅한 조사弔詞가 되리니

1803년 5월 뉴펀들랜드에서 태어나

1808년 11월 18일 뉴스테드 애비에서 잠들다.

시의 앞자리에 있는 추모의 글로, 시인의 친구인 존 홉하우스(John Hobhouse)가 지었다.
우리말 사전에는 "주검"이 원시의 "remains"와 달리 "죽은 사람의 몸"이라고 좁게 정의되어 있으나, 이 시에서는 굳이 사람과 짐승 사이의 그러한 언어적 차이나 구분을 두지 않아도 좋을 듯하다.

우리는 바빌론 강기슭에 앉아 울었네

우리는 바빌론 강기슭에 앉아 울었네.
그리고 그날을 떠올렸네.
우리의 원수가 침략의 함성을 지르며
살렘의 성전을 약탈하였던 때를.
아, 그대 살렘의 애달픈 딸들이여!
눈물 흘리며 머나먼 땅으로 흩어졌도다.

우리가 서러움에 잠기어
자유로이 흘러가는 강물을 바라보고 있노라니
적들이 한 자락 불러 보라고 을러대나, 아, 절대로
우리의 흥겹고 보배로운 노래를 이방인에게 빼앗기지 않으리!
내 오른손이 시들어 아예 못 쓰게 되는 한이 있어도
적들을 위하여 고귀한 하프를 뜯지 않겠노라!

하프가 매달려 있는 버드나무에서
아, 살렘! 하프 선율 신명나게 흘러야 하리.
살렘이여, 당신의 영광이 저물던 무렵에도
당신의 정표情表로 이 악기만은 내게 허하여 주었네.
그러니 무슨 일이 있어도 이 구성진 가락이
한자리에 있는 강도들의 목소리와 얽히지는 않아야 하리로다!

1813년 1월 15일

바빌론: 메소포타미아에 있는 고대 바빌로니아의 수도.
살렘: 예루살렘. 가나안의 고대 도시.
시인이 시편 137편을 바꾸어 읊었다. 압제자에게 억류된 유대인의 처지와 자유롭게 흐르는 강물이 대비를 이룬다.

시옹성의 소닛

쇠사슬로는 동이지 못하는 가없는 마음의 정기精氣여!
지하 감옥에서 그 무엇보다 밝게 빛나니. 네 이름은 자유라!
그곳에서 네가 살 곳은 마음.
네 사랑만이 얽어맬 수 있는 마음이라.
자유의 아들들이 족쇄에 묶였네.
족쇄를 찬 채 한낮에도 밤과 같은 절망의 땅 밑 어두움에 처하였구나.
그네들의 조국은 그네들이 고난을 헤쳐 나아가매 비로소 오롯이 쟁취된다.
자유라 하는 드높은 이름이 온 바람의 날개에 실려 세상에 널리 퍼지리라.
시옹성이여! 네 감옥은 거룩한 곳이다.
네 서글픈 돌바닥은 성스러운 제단이다.
그이가 차가운 돌바닥이 닳도록 잔디밭인 양 밟고 밟아
그 발자국이 자취를 남겼으므로.
보니바르를 위하여! 감히 그 누구도 그 자취를 지우지 말지어다!
그 자취는 포악한 왕과 가혹한 정치를 하느님께 아뢰고 있나니.

시옹성: 스위스 제네바 호숫가에 있는 옛 성.
프랑수와 보니바르 (François Bonivard): 폭군에 의해 오랜 세월 시옹 성에 갇혔던 16세기 스위스의 애국자.

퍼시 비시 셸리

사랑의 철학

샘물과 강물이 섞이고
강물과 바닷물도 어우러지며
하늘의 바람에는 늘
정겨움이 함께한다.
세상천지 그 무엇도 외따로이 있지 않다.
만물은 하늘의 법칙에 따라
서로 만나 하나로 됨을 느끼고 사귄다.
한데 어이하여 나는 그대와 이어지지 않는가?

보시라. 산이 저 높은 하늘에 입 맞추고
파도가 서로 손을 맞잡는다.
어느 꽃의 자매도 형제를
업신여긴다면 용서받지 못한다.
햇살이 땅을 부둥켜안고
달빛이 바다에 입 맞춘다.
그러나 그대가 내게 입 맞추지 않는다면
이 다정한 정경이 다 무어랴?

오늘 웃으며 피는 꽃

오늘 웃으며 피는 꽃은

내일이면 지나니.

우리가 머물렀으면 하는 모든 게

우리를 유혹하고는 떠나간다.

그러니 이 세상의 즐거움이 무어란 말인가?

번개는 밤을 비웃듯

비록 눈부실지라도 겨우 찰나의 빛을 내고 사라진다.

미덕은 그 얼마나 지키기 어려운가!

참 우정은 그 얼마나 드문가!

사랑은 그 얼마나 오만한 절망을 얻으려

가난한 행복을 파는가!

허나 우리는

미덕과 우정과 사랑이 금세 허물어질지라도

그에서 생기는 즐거움과 우리의 몫이라 여기는 걸 다 누린다.

하늘이 맑고 푸르다면

꽃들이 어여삐 피어 있다면

밤이 오기 전 바뀌는 눈빛에

그날이 즐겁다면

고요한 시간이 다가온다면

그대여 잠들어 꿈을 꾸어라.

그리고 일어나 눈물지어라.

넋두리

아, 세상이여! 삶이여! 세월이여!

드디어 마지막 계단에 올라

내가 있던 자리를 돌아보니 느껴지는 두려운 떨림.

내 좋았던 때가 언제 돌아오리?

다시 오지 않는다. 아, 아무래도 돌아오지 않는다!

낮이고 밤이고

기쁨은 사라졌다.

상큼한 봄도 뜨거운 여름도 하얀 겨울의 서리도

아무런 즐거움 없이 그저 내 여린 마음을 아프게 한다.

다시 오지 않는다. 아, 아무래도 돌아오지 않는다!

토머스 칼라일

오늘

그리하여 여기 다시
푸른 날이 밝아온다.
그대는 이대로 허랑하게
오늘을 흘려보내려 하는가?

이 새로운 오늘은
영원에서 생겨났다.
밤이 되면 오늘은
영원으로 돌아간다.

이전에 아무도
오늘을 못 보았다.
눈 깜짝할 시간이 지나면 아무도
오늘을 다시 못 보리라.

여기 다시
푸른 날이 밝아온다.

그대는 이대로 허랑하게

오늘을 흘려보내려 하는가?

헨리 워즈워스 롱펠로우

짧은 글

깨어나라! 일어서라! 때가 늦었다!
천사들이 그대 집 문을 두드리고 있다!
그들은 갈 길이 급하므로 아무도 기다려 주지 않는다.
한번 가면 다시 오지 않는다.

깨어나라! 일어서라! 장부의 우람한 팔뚝도
한참 쉬고 나면 힘이 빠진다.
묵히는 땅, 갈지 않는 밭에는
기껏해야 잡초나 자랄 뿐이다.

이득과 손실

내가 잃은 것과 얻은 것을
그르친 것과 이룬 것을
견주어 보면
별로 내세울 만한 게 없다.

나는 잘 알고 있네.
얼마나 많은 날을 허송세월로 보냈는지를
어이하여 좋았던 뜻이 마치 잘못 날아간 화살처럼
마음먹었던 데까지 미치지 못하거나 어이없게 빗나갔는지를.

허나 뉘라서 이득과 손실을
이리 함부로 저울질하려 하랴?
패배는 승리가 가면을 쓴 모습일지 모르고
썰물이 다 빠지면 이윽고 밀물로 갈마드는 법이라.

세레나데

여름밤의 별이여!
저 멀리 아스라한 푸른빛 너머로
숨겨라, 네 황금빛을 숨겨라!
그녀가 자고 있다!
내 아가씨가 자고 있다!
자고 있다!

여름밤의 달이여!
저 멀리 서녘의 절벽 아래로
떨어져라, 은빛 달이여 떨어져라!
그녀가 자고 있다!
내 아가씨가 자고 있다!
자고 있다!

여름밤의 바람이여!
저 멀리 덩굴풀이 우거진 데에서
접어라, 네 날갯짓의 빛깔을 접어라!
그녀가 자고 있다!
내 아가씨가 자고 있다!
자고 있다!

여름밤의 꿈이여!

그녀에게 말하여라. 그녀를 사랑하는 이가

곁에서 지켜보고 있다고! 속잠의 빛 속에서

그녀가 자고 있다!

내 아가씨가 자고 있다!

자고 있다!

세레나데: 사랑하는 사람을 위한 노래 또는 연주곡.

봄이 하냥 머무르지는 않으리

오래된 둥지에는 새가 없다 — 스페인 속담

하늘 맑고, 햇빛 눈 부시고
제비가 높이 날아오르며 지저귄다.
아름드리 느릅나무에서 들려오는 소리가 있으니
파랑새가 노래하여 다가오는 봄을 알린다.

저 멀리 푸른 강 굽이치며 흘러
하늘에서 내려오는 물줄기처럼 보이고
닻에 묶인 채 하늬바람이 불기를 기다리는 듯
구름이 뭉게뭉게 떠 있다.

세상 만물 다 새로워라. 느릅나무 가지에는
이파리와 꽃망울이 벙글어 함초롬히 하늘거리고
처마 밑 새의 둥지에도 싱그러운 느낌이 감돈다.
하지만 지난해의 둥지에는 새가 떠나고 없어라!

만물이 젊음과 사랑을 만끽하고
처음 맞는 즐거움으로 가득하다!
더불어 저 살가운 하늘을 보고 배우네.
밤의 다사로운 부드러움을.

이 소박한 시를 읽는 아가씨여
그대의 젊음을 누려라. 그 시절도 흘러가리니.
그대 한창때의 향기를 즐겨라.
아, 봄이 하냥 머무르지는 않으리!

젊음과 사랑의 봄을 즐기고
뒷일은 어느 마음씨 좋은 천사에게 맡겨라.
이윽고 세월이 그대에게 진실을 알려 주리니
지난해의 둥지에는 새가 떠나고 없어라!

비 오는 날

날은 춥고 어둡고 쓸쓸하다.
비 내리고, 바람 수그러들 줄 모른다.
이지러져 가는 담벼락에 담쟁이덩굴이 여전히 매달려 있지만
세찬 바람 불 때마다 시든 나뭇잎이 하롱하롱 땅으로 떨어진다.
날은 어둡고 쓸쓸하다.

내 삶은 춥고 어둡고 쓸쓸하다.
비 내리고, 바람 수그러들 줄 모른다.
이지러져 가는 지난날에 내 생각은 여전히 매달려 있지만
거센 바람 휘몰아치니 젊었을 적 꿈이 털썩 무너져 내린다.
날은 어둡고 쓸쓸하다.

슬픔에 빠진 내 마음이여, 차분히 있어라! 푸념을 거두어라.
구름 뒤에서 해는 그대로 빛나고 있고
여느 사람들도 다 너와 같은 운명을 짊어지고 있다.
누구나 한평생 사노라면 때로 비는 내린다.
어떤 날은 어둡고 쓸쓸한 법이다.

삶의 시편

한 젊은이가 시편 글쓴이에게 참마음을 담아 말하다

삶이 한낱 헛된 꿈이로다라고 하는
구슬픈 시 구절을 내게 읊지 말아라!
잠든 넋은 죽음과 다름없고
무엇이든 겉모습이 다가 아니므로.

삶은 현실이다! 삶은 진지하다!
삶의 종착지는 무덤이 아니다.
네가 흙으로 빚어졌으니 흙으로 돌아간다는 말씀은
넋을 두고 한 이야기가 아니다.

슬픔도 즐거움도
우리가 반드시 가야 할 길이나 목적지가 아니다.
다만 내일 우리가 오늘보다 더 나아지도록
내일 그리고 내일 움직이고 움직일밖에.

예술은 길지만, 세월은 흐르는 물과 같아라.
우리의 심장이 굳세고 대범할지라도
천으로 감싼 북의 울림과 같이
무덤으로 나아가는 장송곡을 울리고 있다.

세상의 드넓은 전쟁터에서
삶의 야영지에서
우둔하게 이리저리 내몰리는 마소가 되지 말아라!
투쟁의 한복판에 있는 영웅이 되어라!

아무리 장밋빛으로 보이더라도 앞날에 기대지 말아라!
죽은 어제는 죽은 그대로 놔두어라!
움직여라. 살아 있는 오늘 움직여라!
가슴속에 마음이 살아 숨 쉬고, 저 하늘에 하느님이 계신다!

위대한 인물의 삶이 우리에게 일깨워 준다.
우리도 숭고한 삶을 살 수 있음을.
그리고 떠나면서 우리 뒤로
시간의 모래밭 위에 발자국을 남김을.

삶의 장엄한 바다를 항해하는 누군가가
배가 난파되어 절망에 빠진 어느 형제가
하마 그 발자국을 보고서
힘과 용기를 얻을 터이다.

그러니 떨쳐 일어나 움직이세.

어떠한 난관에 맞닥뜨리더라도 짱짱한 마음을 지닌 채.

끊임없이 성취하고, 꾸준히 나아갈지라.

애쓰고 기다림을 몸에 배게 할지라.

시인은 삶의 시가 성경의 시와는 다르다고 이야기한다. 창세기 3장 19절 참조.
"너는 흙이니 흙으로 돌아갈 것이니라 하시니라."

날이 저물다

날이 저물고, 어두움이
밤의 날개에서 내려오네.
독수리가 날아오를 때 살포시 내려앉는
한 닢의 깃털처럼.

비와 물안개 저 너머로
읍내의 불빛이 아롱아롱 보이고
가슴속에 참아 내기 버거운
서글픔이 어리는구먼.

이 서글픔과 그리움은
아픔과는 거리가 멀고
다만 고뇌와 닮았네.
비와 물안개가 닮았듯이.

어서 내게 시를 읽어 주게.
쉽고 마음에 와닿는 시를.
이 답답함을 달래고
하루 종일 떠돌던 생각을 떨쳐 낼 수 있도록.

옛날의 위대한 대가大家나
탁월한 음유시인의 걸작이 아니어도 좋으니
그네들의 발걸음 소리는
세월의 복도 저 멀리에서 메아리치고 있네.

도도하고 웅장한 군가의 울림처럼
그네들의 훌륭한 사상은
삶의 끝없는 노고와 고군분투를 이야기하나
오늘 밤은 다만 쉬고 싶네그려.

그네들보다 덜 알려진 시인의 시를 읊어 주게.
그 시인의 참마음에서 샘솟았던 시를.
여름 먹구름에서 쏟아지는 소나기와 같은
눈시울에서 툭 떨어지는 눈물과 같은.

시인이 온종일 일에 지치고
밤에도 편히 쉬지 못하였을지라도
그이의 넋에는
놀라운 가락이 들려왔었네.

그러한 시는
들썩이는 근심을 가라앉히는 힘이 있어서

예배 뒤에 이어지는
축복 기도와 같으이.

그러니 이녁이 아끼는 책을 꺼내어
시를 골라 읊어 주게나.
시인의 운율을
이녁의 청아한 목소리에 실어 들려주게.

그리하면 어느덧 밤이 가락으로 가득 차고
낮 동안 나를 괴롭혔던 시름이
아라비아인처럼 천막을 걷고
가만히 물러가리니.

축복 기도(benediction): 축도祝禱. 하느님께 축복을 빌며 예배를 마무리하는 기도.

에드거 앨런 포

헬렌에게

헬렌, 그대의 아름다움은 내게
먼 옛날 전설 속 니케아의 돛단배와 같다오.
그 배는 산들바람 향긋하게 부는 바다를 사뿐히 건너
지치고 황폐해진 방랑자를
고향 바닷가에 데려다주었네.

내가 거칠고 험한 바다를 오래도록 헤맬 때
그대의 히아신스 같은 머리카락, 고상한 얼굴,
나이아스 같은 우아함은
그 옛날 그리스의 찬란함을
그 옛날 로마의 장엄함을 절실히 느끼게 하였다오.

아! 저 빛나는 창가에
마노瑪瑙 등불을 손에 들고
조각상처럼 서 있는 그대가 보이네!
성스러운 땅에서 온 그대
아, 프시케여!

니케아: 튀르키예 서부 해안의 도시
히아신스: 파란색, 자주색, 붉은색, 노란색, 흰색의 구근 모양 꽃을 봄에 피우는 여러해살이풀
나이아스: 그리스 신화에 나오는 물의 요정
프시케: 사랑의 신 에로스(Eros)의 아내

엘도라도

화려하게 차려입은
늠름한 기사가
햇빛 아래와 암흑 속을
오랜 세월 헤매었다.
노래를 부르며
엘도라도를 찾아서.

그러나 이 기사 조금씩 늙어 감에
애초에 적이 대범하였음에도
차츰차츰 가슴속에
그늘이 지는구나.
엘도라도로 보이는 땅을
당최 찾을 수가 없기에.

기사가 끝내 지치고
기력이 쇠하였을 때
한 어둠의 순례자와 마주쳤다.
기사가 물었네. "어둠의 순례자여
도대체 어디 있는 거요
이 엘도라도라는 땅은?"

어둠의 순례자가 대답하였네.

"달빛 어른거리는

저 산 너머

검은 골짜기를 지나서라오.

말을 달리시오. 용감히 나아가시오.

그대가 엘도라도를 찾고자 한다면!"

엘도라도: 상상 속 황금의 도시를 일컫는 말로, 남미에 있다고 여겨졌음.

에드워드 피츠제럴드

오마르 카이얌의 루바이야트

11
나뭇가지 아래 빵 한 덩이.
술 항아리 하나, 시집 한 권, 게다가
황야에서 노래하는 이녁이 곁에 있으매
황야가 천국이로다.

20
아! 내 사랑, 내 잔을 채워 주게나.
오늘에 딸린 어제의 후회와 내일의 두려움을 떨쳐 내도록.
내일? 아, 아마 내일이면 나는
어제의 7천 년 세월 속에 묻히리.

23
아, 우리도 흙이 되기 전에
쓸 만큼 다 쓰고 살려네.
흙은 흙으로 돌아가고, 흙 밑에 우리 누울 터.
술도, 노래도, 노래꾼도, 종말도 없으리!

24
오늘을 위하여 사는 사람들에게
내일을 바라보며 사는 사람들에게
어둠의 성채에서 한 수행자가 외친다.
"덩둘한 자들이여! 너희는 이승이든 저승이든 그 어디에서도 아무 보답을 받지 못하느니라."

25
아, 한때 이승이니 저승이니 해박하게 논하였던 지혜로운 이들, 거룩한 이들은 어리석은 예언자로 치부되어 내쫓겼다.
그들의 이야기는 사람들이 업신여겨 잊혔고
그들의 입은 흙먼지로 가득하다.

26
아, 이 늙은이를 따르고, 똑똑한 자들은 떠들게 내버려 두어라.
한 가지는 틀림없으니, 우리네 삶이 금세 지나감이라.
이 한 가지만 틀림없을 뿐, 나머지는 다 거짓이라.
한때 소담하게 피었던 꽃도 끝내 아예 지게 되리로다.

27
젊었을 적에 스승님들과 덕망이 높은 분들의 문지방이 닳도록 들락거렸고
그분들의 훌륭한 가르침을 들었다.

이것에 대하여, 저것에 대하여. 하지만 매양
제자리걸음이었어라.

28
그분들과 지내며 슬기의 씨앗을 뿌렸고
손수 그 씨앗을 키웠다.
그예 내가 얻은 수확은 이러하네.
"내가 물처럼 흘러왔으니, 바람처럼 사라지리라."

오마르 카이얌: 루바이야트를 쓴 페르시아의 수학자.
루바이야트: 루바이(rubai, 페르시아어로 4행시를 뜻함)의 복수형, 4행시 모음.
루바이야트의 일부를 옮겼음.

알프레드 테니슨

공주님 중: 보드랍고 향긋하게

보드랍고 향긋하게, 보드랍고 향긋하게

서녘 바다에서 부는 바람아.

살랑살랑 불어라.

서녘 바다 바람아!

물결치는 바닷물을 지나

기우는 달을 스쳐 불어라.

바람아, 다시 내게 불어와라.

내 소중한 아이, 어여쁜 아이가 잠들 동안에.

편히 자거라. 포근히 잠들어라.

아빠가 금세 네게 올 게다.

고이 잠들어라. 엄마 품 안에서,

아빠가 냉큼 네게 올 게다.

아빠가 잠든 아가에게 오네.

은빛 달 아래

하늬바람 한가득 받은 은빛 돛단배 타고.

자거라, 내 소중한 아이야. 잠들어라, 어여쁜 아이야.

부서져라. 부서지고 부서져라

부서져라. 부서지고 부서져라.
아, 바다여! 차가운 잿빛 바위에서 파도여 부딪쳐라.
떠오르는 생각을
입 밖으로 낼 수 있으면 좋으련만.

아, 농부의 아들은 즐거워라.
어린 누이와 같이 놀며 소리치네!
아, 젊은 뱃사공은 기꺼워라.
부두에 매인 제 배에서 노래하네!

커다란 배들이
언덕 아래 포구로 모여든다.
허나, 아, 이제는 사라진 그 손길을 다시 느낄 수 있다면
아무 말 없는 그 목소리를 들을 수 있다면!

부서져라. 부서지고 부서져라.
아, 바다여! 바위 절벽 아래에서 파도여 부딪쳐라.
그날의 따뜻한 정겨움은 어느덧 사라져
영영 내게 돌아오지 않으리.

참나무

그대는 이렇게 사시라.
젊었을 때나 늙었을 때나
저기 서 있는 참나무와 같이.
봄에는 생기 있고 쾌활하게
황금빛 시간을 보내시라.

여름에는 가멸차게 지내시라.
그 뒤에
가을이 오면 다시 달라지시라.
한결 성숙한
금빛을 띠시라.

마침내 나뭇잎을
땅에 다 떨구고 나면,
보시라. 참나무가 서 있는 모습을.
줄기와 가지만 남아
맨몸의 순박한 힘을 드러내고 있구려.

독수리

독수리가 구부러진 발로 바위를 움켜잡고 있다.
어느 외롭고 후미진 땅, 태양 가까이에서
푸른 하늘을 등지고 우뚝 서 있다.

발아래 바다에서 파도가 일렁인다.
높이 솟은 절벽 위에서 아래를 노려보더니
천둥 번개가 치듯 밑으로 곤두박질친다.

엘렌 스터지스 후퍼

내가 잠들어, 삶이 아름답다고 하는 꿈을 꾸었네

내가 잠들어, 삶이 아름답다고 하는 꿈을 꾸었네.

잠에서 깨니, 삶이 의무임을 느꼈네.

그렇다면 그대의 꿈이 덧없는 거짓이리오?

슬퍼하는 이여, 힘차게 애써 나아가시라.

마침내 그대의 꿈이

그대를 비추는 한낮의 햇빛이자 진실임을 깨닫게 되리니.

로버트 브라우닝

최고의 선善

한 해의 모든 생명과 성숙이 한 마리 벌의 꿀 보따리에 들어 있고
광산의 모든 경이와 풍요가 한 개의 보석 안에 박혀 있으며
바다의 모든 빛과 그림자가 한 알의 진주 속에 스며있다.
생명과 성숙, 빛과 그늘, 경이, 풍요, 그리고 이보다 더 높디높은 곳에서
진실은 보석보다 밝고
믿음은 진주보다 순수하게 빛나니
하늘땅에서 내 가장 밝은 진실, 가장 순수한 믿음은
한 여자아이의 입맞춤에 있었네.

피파의 노래

계절은 봄

봄날 아침

아침 일곱 시

언덕에 아침 이슬 진주처럼 영롱하고

종달새 하늘을 날고

달팽이 산사나무 가지 위를 기며

하느님이 하늘에 계시어

온 세상 아늑하고 좋아라!

샬럿 브론테

삶

내 말 믿어 주오. 삶은
슬기로운 분들의 이야기처럼 어슴푸레한 꿈이 아니라오.
때로 소나기 내리는 아침이 지나면
맑게 갠 한낮이 우리를 맞는다오.
이따금 어두운 구름이 끼더라도
그저 잠깐 스쳐 지나갈 따름이오.
퍼붓는 비 덕분에 장미가 아름답게 피어날진대
아, 비가 온다 한들 한숨지을 까닭이 무에 있으리?
빠르게 즐거이
삶의 햇살 같은 시절이 흘러간다오.
고마워하며 흥겨워하며
흐르는 세월을 흐뭇하게 누리구려!
때로 죽음이 우리 가운데 끼어들어
더없이 빼어난 이를 데려간들 어떠리?
슬픔이 우리의 희망을 허물어뜨리고
우리를 무겁게 억누르는 듯한들 어떠리?
희망은 어쩌다 무너지더라도
다시 우뚝 일떠설 터요.

변함없이 황금빛 날개를 펼치고 떨쳐 일어나

한결같이 짱짱하게 우리를 떠받쳐 줄 터요.

두려워하지 말고 굳세게

고난의 시절을 헤쳐 나아가시라.

영광스럽고 기세등등하게

용감함이 절망을 이겨 내리니!

헨리 데이비드 소로

내 삶은 내가 짓고자 하였던 시였다

내 삶은 내가 짓고자 하였던 시였다.
하지만 살면서 아울러 시를 읊을 수는 없더라.

진정 따뜻한 마음은 맑고 거룩한 친밀함이다

진정 따뜻한 마음은 맑고 거룩한 친밀함이다.
사람의 핏줄에 따르지 않는다.
혈연이 아닌 넋의 문제이고
어느 가족이나 공동체보다 윗길이다.

에밀리 브론테

나뭇잎이여, 떨어져라.

나뭇잎이여, 떨어져라. 꽃이여, 져라.

밤은 길어지고, 낮은 짧아져라.

가을 나무에서 나풀거리며 떨어지는 나뭇잎은

저마다 내게 가없는 기쁨을 속삭이네.

나는 웃음을 머금으리.

장미가 피어야 할 자리에 눈꽃이 벙글면.

나는 읊조리리.

밤이 샌 뒤에 밤보다 더 쓸쓸한 낮이 오면.

밤의 어두움이 내 둘레에 드리우고

밤의 어두움이 내 둘레에 드리우고
차가운 바람 거세게 불지만
나는 폭압의 마법에 걸려 있어서
떠나려야 떠나지 못한다.

아름드리나무들이 휘청이고
무겁게 쌓이는 눈 때문에 휑한 나뭇가지들이 휘어지며
폭풍이 득달같이 닥쳐오고 있으나
여전히 떠나지 못한다.

머리 위 구름 위로 다른 구름이 거듭 몰려들고
저 아래 황무지 너머로 다른 황무지가 거듭 펼쳐져 있으나
아무리 황량한 그 무엇에도 나는 흔들리지 않으니
떠나지 못하고, 떠나지 않는다.

은거隱居

아, 잠시라도 외로이 있게 되기를!
곁에 아무도 없는 곳에서.
그러면 소리 높이 노래 부르고 생각에 잠기어 말하리.
듣는 이 아무도 없는 곳에서.

가거라! 너, 헛꿈과 같은 세상의 기쁨이여
떠나거라! 너, 속세의 시름이여
물러가라! 너, 어지러이 헤매는 생각이여
나 홀로 있게 해 다오!

내 넋이여, 한 시간만이라도 네 날개를 펼쳐
이 따분한 땅을 박차고 날아올라라.
하늘의 다사로운 햇살을 받으며
하느님 가까이 홀로 서라!

하루 종일 애썼으나, 괴롭지 않았다

하루 종일 애썼으나, 괴롭지 않았다.
배움의 황금빛 포도주에 취하여서.
이제 다시 저녁이 찾아오고
달빛 은은하게 비친다.

땅 위에서 눈은 사라졌고
바람에도 물결에도 차가운 기운은 없다.
마파람이 솔솔 불어와
싸늘한 겨울의 자취를 녹인다.

밤에 예서 서성이며 수그러드는 겨울을 보니
하 좋을시고.
내 마음은 여름 햇살처럼 밝고
여름 하늘처럼 다사롭다.

아, 바라나니, 지금 나를 부드럽게 휘감는 이 고즈넉함이
늘 곁에 머무르기를.
흐르는 시절에 젊은 얼굴이 늙어 가고
가는 세월에 낯에 그늘이 지더라도!

나에게 참되고 세상 사람에게도 참되어

한결같이 올바르게 지내기를.

내 열정의 부름을 외면하고

내 거친 뜻을 용케 다스리기를.

내 넋은 비겁하지 않도다

내 넋은 비겁하지 않도다.
나는 폭풍이 거세게 몰아치는 세상 그 어디에서도 무서움에 떨지 않노라.
천국의 영광이 눈앞에 빛나고
믿음도 더불어 빛나므로, 두려움에 맞서게 한다.

아, 제 가슴속에 계신 신이시여
전지전능하시고 영원히 실재하시는 하느님이시여!
제 안에 있는 삶은 잠들겠으나
하느님 안에는 제 불멸의 삶이 있나이다!

사람의 마음을 뒤흔드는 수두룩한 신조는
다 부질없습니다. 이루 말할 수 없이 허망합니다.
시든 잡초처럼
끝없는 바다 한가운데 이는 덧없는 물보라처럼 헛됩니다.

그리하여 하느님의 무한함에 꼭 매달린 이들이
의심을 떨쳐 냅니다.
변함없는 불멸의 바위에
단단히 자리잡고 있습니다.

널리 감싸시는 사랑으로

하느님의 성령이 영원한 세월을 깨우시니

땅 위에 고루 퍼지시고, 세상을 보듬으시고,

변화시키시고, 북돋으시고, 흩어지게 하시고, 만들어 내시고, 키우시나이다.

사람과 세상이 사라질지라도

별과 우주가 없어질지라도

하느님은 홀로 계실지니

만물이 하느님 안에 살고 있나이다.

죽음이 있을 자리 그 어디에도 없고

죽음의 힘이 미쳐 사라지는 단 하나의 원자原子도 없나이다.

하느님, 하느님은 존재요, 생명이시라.

지금의 하느님으로 영원히 계시리.

동정심

이녁은 절망하지 말아야 하오.
별이 밤하늘에 빛날 때
저녁 이슬이 살포시 맺힐 때
아침 햇살이 비치어 들 때는.
절망하지 말아야 하오.
설령 눈물이 강물처럼 흐를지라도.
세월의 으뜸으로 사랑스러운 모습이
늘 이녁 마음속에 머물러 있지 않소?

이네들이 눈물 흘리면 이녁도 눈물 흘리니, 모름지기 그리하여야 하리.
이녁이 한숨지으니 바람도 한숨짓고
가을 낙엽이 쌓였던 자리에
겨울 눈의 시름이 어리고 있소.
허나 언젠가 이네들이 다 되살아나리니
이녁과 이네들의 운명은 서로 떨어질 수 없다오.
그러니 한 걸음 한 걸음 나아가구려. 너무 들뜨지는 않더라도
절대 낙담하지 말고!

늙은 금욕주의자

금은보화를 대수롭지 않게 여기고
사랑을 가벼이 웃어넘기네.
이름을 드날리고 싶은 욕망도
아침에 깨어나면 잊히는 한낱 꿈이더라.

내가 기도한다면
내 입을 떼게 할 오직 하나의 기도는 이러할지니
"지금과 같은 제 마음을 변치 않게 하시고
자유를 마음껏 누리게 하여 주소서!"

그렇다. 내 삶이 끝을 향하여 빠르게 나아가더라도
다만 간절히 바라노라.
내 넋이 참고 견딜 용기를 지닌 채
삶과 죽음을 넘어 그 무엇에도 얽매이지 않기를.

아서 휴 클러프

투쟁이 부질없다고 말하지 말아라

투쟁이 부질없다고
노력과 상처들이 다 허사라고
적들이 휘청이지도 무너지지도 않는다고
세상일 늘 그래 왔듯이 아무런 나아짐도 없으리라고 말하지 말아라.

희망이 바보라면 두려움은 거짓말쟁이다.
어쩌면 저 자욱한 포연의 장막 너머에서
바야흐로 이녁의 전우들이 도망치는 적을 뒤쫓고 있을지 모르니
이녁은 그저 빈 전쟁터를 지키면 된다.

지친 파도가 허무하게 부서져 내리고
예서는 한 치의 흙도 애써 허물어뜨리지 못하는 듯 보일지라도
그 파도가 저 멀리서 시나브로 물굽이를 만들고 시냇길을 내고 나면
그예 도도한 물결의 장대한 바닷물이 소리 없이 닥쳐오리라.

굳이 동창東窓이 아니라 하더라도
날이 밝으면 곳곳에 동이 튼다.

우리 앞의 해가 더디게, 아, 너무나 더디게 뜬다.

허나 서녘을 보아라. 드넓은 땅이 환히 빛나고 있지 않는가.

이 시는 1849년에 쓰였다. 시인이 1848년에 좌절되었던 차티스트 운동(Chartism: 노동자의 선거권을 얻기 위한 정치 개혁 운동)을 염두에 두고 지었을 것으로 여겨지고 있다.

월트 휘트먼

아, 선장! 우리 선장!

아, 선장! 우리 선장! 우리는 무서웠던 항해를 마쳤고
우리의 배는 온갖 풍파를 헤쳤으며, 바랐던 일도 이루어 냈습니다.
항구에 다다르니 종소리 들리고, 사람들 기꺼워하면서
굳센 용골을, 당당하고 웅장한 배를 바라보고 있습니다.
그러나 아, 가슴이! 가슴이! 가슴이!
오, 붉은 피가 흐르네.
우리 선장이
차갑게 잠들어 누워 있는 갑판에.

아, 선장! 우리 선장! 일어나 종소리 들으시라.
일어나시라. 선장을 맞이하여 깃발이 나부끼고 나팔이 불리고 있습니다.
선장에게 주려는 꽃다발과 리본 달린 화환이 보이고, 선장을 보려는 이들이 바닷가에 몰려왔습니다.
그네들이 선장을 반기어 부르고 이리저리 들썩이며 애타는 얼굴로 둘러보고 있습니다.
선장님! 사랑하는 아버지!
당신의 머리를 이 팔로 안고 있다니!

차라리 지금 꿈속이 아니냐.

당신이 갑판에 차갑게 잠들어 누워 있다니.

우리 선장은 대답이 없고, 그 입술 창백하여 아무 말이 없다.

우리 아버지는 내 팔을 느끼지 못하고, 맥박도 아무 움직임도 없구나.

배가 항구에 무사히 이르러 야무지게 닻을 내렸고, 우리의 여정은 끝났다.

험난한 항해를 마치고 임무를 다한 승리의 배가 들어섰다.

아, 기뻐하라, 바닷가여, 울려라, 종이여!

그러나 나는 슬픔에 잠기어 서성이노라.

우리 선장이

차갑게 잠들어 누워 있는 갑판에서.

시인이 링컨 대통령을 추모하여 이 시를 지었다.
우리말에서는 가까운 사이를 나타낼 때, "내"의 의미로 "우리"를 써 왔다. 예를 들어, "내 집", "내 학교", "내 일터" 대신에 "우리 집", "우리 학교", "우리 일터"라고 말한다. 우리의 정서와 언어 습관에 맞게 원시의 "my captain", "my father"를 "우리 선장", "우리 아버지"로 옮겼다.

흔들림 없는 나

대자연 속에 한가로이 선 채로 흔들림 없는 나는

세상 만물의 주인이요 마님으로, 부조리와 불합리의 한복판에서도 태연하고

이러한 세상처럼 물들고, 이러한 세상처럼 아무 말 없이 뭐든지 받아들이고 직수굿이 따를 작정이고

내 일과 가난과 평판과 허물과 죄가 생각만큼 대수롭지는 않음을 깨쳤고

멕시코 앞바다나 맨해튼이나 테네시나 저 멀리 북쪽 지방이나 내륙 깊숙이까지 돌아다니며

강물 위를 떠다니거나 숲속에 살거나 어느 주州의 아무 농장에서든 지내거나 어느 바닷가나 호수나 캐나다에도 머무를지니

그 어디에서 살든, 아! 바라나니, 위기를 맞더라도 침착하기를

어두운 밤과 거센 폭풍과 배고픔과 사람들의 비웃음과 뜻밖의 재난과 운명의 장난에도 숲처럼 짐승처럼 떳떳이 맞서기를.

한 사람 한 사람을 읊는다

나는 순박한 한 사람 한 사람을 읊는다.

아울러 뭇사람이 주인인 세상, 뭇사람이 다 같이 함께하는 세상도 잊지 않고 노래한다.

머리끝에서 발끝까지 그이의 몸을 읊지만

시의 여신이 보기에 덩그러니 몸만 아니면 두뇌만 소중할 리 없으니

그이의 오롯한 모습이 훨씬 고귀하다 하겠고

그이가 사내든 여인이든 가리지 않고 읊는다.

뜨거운 열정, 거센 심장, 힘찬 생명력을 지니고

하늘의 성스러운 법칙에 따라 한없이 자유로이 움직이매 흥겨워하는

오늘날의 사람을 읊는다.

시인은 한 사람 한 사람을 읊고, 그 한 사람 한 사람이 모여 이루어지는 민주주의와 대중의 움직임도 읊으려 한다. 그이의 몸과 마음을 함께 노래하려 한다. 그이는 하늘의 성스러운 법칙을 따르는 한없이 자유로운 사람이다.

내 시 1

나는 나를 축복하고 읊는다.
내가 생각하는 바를 그대도 생각하리라.
내게 있는 모든 원자原子가 그대에게도 있으므로.

빈둥대며 내 넋을 불러 본다.
등을 기대고 느긋하게 여름 풀의 어린싹을 바라본다.

내 말, 그리고 내 피를 이루는 원자 하나하나는 이 땅과 하늘에서 생겼고
나는 내 어버이에게서 태어났고, 내 어버이는 그분들의 어버이에게서, 그분들의 어버이는 또 그분들의 어버이에게서 태어났다.
이제 내 나이 서른일곱, 몸이야 튼튼하기 이를 데 없으니
세상을 떠나는 날까지 내 시가 그치지 않기를.

학설과 신조를 다 제쳐두리라.
학설과 신조를 있는 그대로 받아들이고 당분간 한 걸음 물러서지만, 그렇다 하여 말짱 잊지 않는다.
선함이니 악함이니 다 인정하고, 온갖 비난과 시련을 각오하고 노래한다.
타고난 힘을 지닌 거침없는 자연을.

조지 맥도널드

가장 짧고 사랑스러운 시

집에

와.

헤어짐

그대는 그대의 길을, 나는 내 길을 간다.
우리는 이루 헤아릴 수 없는 길을 나아간다.
허구한 세월, 하많은 길을 걸을지라도
하나의 목적지에 이른다.

우리가 저지르는 숱한 잘못과, 그 잘못을 바로잡기 위한 숱한 시.
우리가 걷는 수두룩한 길과, 들르는 수두룩한 객줏집.
우리가 어느 객줏집 방 안을 헤매더라도
온 누리가 마뜩한 오직 하나뿐인 고향 집에 이른다.

위로 아래로

해가 저물고
달이 하늘에 뜬다.
허나 해는 다시 뜨고
달은 눕는다.

꽃이 잠들지만
영영 잠든 게 아니다.
아침이 밝아 오면
다시 피어난다.

겨울이 오면
꽃이 진다. 아니, 그렇지 않다.
꽃은 눈과 서리에게서
당분간 모습을 감출 따름이다.

틀림없이 여름은 오고
틀림없이 해는 떠오른다.
밤과 겨울이
저 멀리 달아난다!

에밀리 디킨슨

책

책 같은 범선이 없다.

이 범선은 저 먼 외딴 땅으로 우리를 데려다준다.

시詩가 뛰노는 한 장의 종이와 같이

날래고 힘센 말도 없다.

아무리 가난한 이라 할지라도

이 여행을 즐길 때는 통행료를 걱정하지 않아도 좋으니

사람의 넋이 실려 있는 이 수레는

어이 이다지 소박한가!

말

누군가 말하였다.
말은 입 밖으로 한번 나오자마자
이미 죽어 있다고.
내가 말하나니
말은 입 밖으로 나온 그날부터
살아 움직이네.

나는 아무개라오! 그대는 뉘시오?

나는 아무개라오! 그대는 뉘시오?
그대도 아무개요?
그렇다면 그대와 나는 같은 처지의 벗이외다. 아무 말 마시구려!
그러지 않으면, 그대도 잘 알다시피, 사람들이 우리를 내쫓을 게요.

이름이 널리 알려진다면 얼마나 고달프리오!
항간에 낱낱이 드러나서, 마치 악머구리처럼
기나긴 하루 내내 그대를 떠받드는 늪에 대고
그대의 이름을 떠들어야 한다면!

사람들은 누군가를 칭송하고 떠받들다가도 그들의 사랑이 식으면 도리어 그를 미워하고 배척하기도 한다. 시인은 그러한 사람들의 변덕스러움에 휩쓸리기보다는 차라리 이름 없는 아무개로 남고 싶은 듯하다.

명성은 벌과 같다

명성은 벌과 같다.

노래가 있다.

침이 있다.

아, 게다가 날개도 있다.

분에 넘치는 광기는 그지없이 숭고한 이성이라오

분에 넘치는 광기는 그지없이 숭고한 이성이라오.

슬기로운 이의 눈에는 제대로 보인다오.

분에 넘치는 이성은 더없는 광기라오.

그예 모든 게

대다수가 바라는 대로 흘러가게 마련이오.

그네들 생각대로 고분고분 따르시오. 그리하면 그대는 제정신이 박힌 사람으로 인정받을 게요.

아니면 다른 뜻을 내어놓으시오. 당장에 위험천만한 자로 여겨질 터요.

더구나 쇠사슬에 옭아매이는 신세가 될 게외다.

너른 풀벌을 일구려면

너른 풀벌을 일구려면, 클로버 한 잎과 벌 한 마리가 있어야 한다.
다만 한 닢의 클로버와 한 마리의 벌,
더불어 꿈꾸듯 깊이 생각하여야 한다.
벌이 잘 보이지 않는다면
꿈꾸듯 깊이 생각하기만 하여도 너끈하다.

사랑

사랑은 삶보다 앞서고
죽음보다 뒤처지고
천지창조의 처음이며
생명의 풀이이다.

누군가의 아픈 마음을 달랠 수 있다면

누군가의 아픈 마음을 달랠 수 있다면

나는 세상 헛산 게 아니리.

누군가의 괴로운 삶을 푸근하게 하여 주거나

누군가의 고뇌를 어루만져 주거나

어지러워 갈 곳 몰라 하는 울새를 도와

보금자리로 되돌아가게 하여 줄 수 있다면

헛산 게 아니리.

엘렌 마리아 헌팅턴 게이츠

구출

난파된 배에서 물 위로 떠올라
눈가의 바닷물을 훔친다.
아직 내게 남은 물건을 건질 생각으로
가까운 바닷가가 있는지 둘러본다.
바다가 배들을 다 집어삼킨다.
반짝이는 화물도 바닷속으로 가라앉는다.
그럼에도 나는 내 불운을 거스르리. 범접할 수 없는 내 마음의 재산은
아무리 바다라 하여도 삼키지 못한다!

달콤한 잠 이루시라

이 고요한 방에서 달콤한 잠 이루시라.

아, 그대여! 그대가 누구이더라도.

슬픈 어제가 그대의 잔잔한 마음을

어지럽히게 놔두지 마시라.

닥쳐올 불행이 꿈속에 나왔다 하여

앞날이 그대의 쉼을 뒤숭숭하게 하도록 놔두지도 마시라.

그대의 창조주는 한결같은 벗이라오.

하느님의 사랑이 변함없이 그대를 감싼다오.

그대와 세상을 말짱 잊으시라.

저 흔들리는 등잔불도 다 끄시라.

저 밤하늘에 별이 내려다보고 있으니

달콤한 잠 이루시라! 편히 잠드시라! 안녕히 주무시라!

내일

내일 그리고 내일, 너 오만한 그림자여.

너는 나를 놀리고 괴롭히고 내 넋을 뒤흔들어 댄다.

그러나 나는 앞으로 나아가서 너를 뒤에 두고 떠나련다.

목적지에 다다르면 너는 잊힌 혼백이 될 게다.

참마음

떳떳하게 거리낌없이

하고 싶은 말을 하시라.

거룩한 마음을 지닌 우리는

솔직한 이야기를 나눠야 하리.

진실이 이녁을 다시 승리로 이끌어

월계관을 거머쥐게 하리니.

이녁 속에 있는 하느님의 불빛이

이녁 눈에서 빛나네.

호아킨 밀러

세상 사람이 악당이라고 꾸짖는 사람들에게서

세상 사람이 악당이라고 꾸짖는 사람들에게서
착함이 허다하게 보이고
세상 사람이 훌륭한 인물이라고 칭찬하는 사람들에게서
죄와 허물이 수두룩하게 보이므로
내가 감히 이 둘 사이를 가르는 선을 긋지 못할지라
하느님도 그러한 선은 긋지 않으시네.

이 시는 시인의 시 "Byron" 중 한 구절이다.

윌리엄 어니스트 헨리

불굴

땅끝에서 땅끝까지 이어지는 갱도坑道처럼
나를 둘러싼 칠흑 같은 밤에서 벗어나기까지
내 넋이 굴하지 않았으므로
어느 신神에게든 고마울 따름이다.

모진 시련에 부딪혔어도
움츠리거나 소리치지 않았다.
불운의 몽둥이질을 당하여
머리에 피가 흘러도 고개 숙이지 않는다.

이 자리에 눈물과 분노가 얽히어 있고
저 멀리 공포의 그림자가 어른거린다.
그러나 지금이든 먼 훗날이든
오랜 세월 내게 으름장이 놓인다 하여 두려워하지 않노라.

문이 얼마나 좁든
내가 겪을 고난의 목록이 어떻게 채워지든 아랑곳하지 않으니

나는 내 운명의 주인이고

내 마음의 선장이다.

마지막 연의 좁은 문은 마태복음 7장 14절을 이야기하는 듯하다.
"생명으로 인도하는 문은 좁고 길이 협착하여 찾는 이가 적음이니라."

엘라 휠러 윌콕스

세상에 꼭 있어야 하는 것

숱한 신神, 수두룩한 믿음,

이리저리 굽이지며 이어지는 하많은 길이 있다.

정작 이 슬픈 세상에서는

오로지 따뜻한 마음을 지니는 법을 깨치기만 하면 되건만.

운명의 바람

똑같이 부는 바람에도

어떤 배는 동녘으로 어떤 배는 서녘으로 나아간다.

배가 나아갈 데를 정하는 것은

거센 바람이 아니다.

돛을 어디로 펼치어 놓느냐이다.

우리네 인생길을 나아갈 때

운명의 길은 바다의 바람과 같다.

삶의 종착지를 정하는 것은

안락함이나 고달픔이 아니다.

마음씀씀이를 어떻게 하느냐이다.

시인은 마음씀씀이를 삼각돛에 비유한다. "마음씀씀이"는 "마음 씀씀이"라고 띄어 써야 현재의 문법에 맞지만, "마음씀" 또는 "마음씀씀이"라는 말이 합성어로 쓰여도 좋을 듯하다.

바다 물결

바다 물결에 무슨 쓰레기를 버리는지 조심하구려.
쓰레기가 커다란 썰물에 휩쓸려 눈앞에서 사라졌다 싶어도
밀물에 실려 되돌아와
날이 저물기 전에 이녘 집 문 앞에 이를지 모르니.
바다 물결에 무슨 쓰레기를 버리는지 조심하여야 하오.

삶의 바다에 무슨 어리석음을 버리는지 조심하구려.
그 어리석음이 눈부시게 일렁이는 썰물 따라 저 멀리 떠내려갔다 싶어도
복수의 여신이 일으키는 물결을 타고 되돌아와
어느 날 이녘 집 문 앞에 달갑지 않게도 이를지 모르니.
젊음의 바다에 무슨 어리석음을 버리는지 조심하여야 하오.

복수의 여신(Nemesis): 네메시스. 복수와 인과응보를 맡는 그리스 신화의 여신.

지구

이 지구는 당신의 것이고, 아울러 내 것이기도 하오.
우리의 하느님이 주신 선물이라오.
하느님과의 이 계약은 성스러우니
감히 뉘라서 따지려 하리?

지구를 찬탈하려는 자들이여
우리는 우리의 정당한 몫을 주장하는 바요.
우리는 고귀한 아들딸이라오.
주의하여야 하오! 조심하여야 하오!

하느님의 아름다운 땅에서
그 탐욕스러운 손을 떼시오.
우리는 우리에게 반드시 있어야만 하는 걸 주장할 뿐이오.
오직 그것만을 요구할 따름이외다.

연대가 돌아왔을 때

군복은 다 같은 푸른색, 칼은 다 빛나는 새것이었다.
연대의 군인들이 거리를 행군하였을 때.
자랑스럽게 나아가는 군인들은 다 힘차고 씩씩하였으며
그들의 경쾌한 발소리가 사람들 환호성에 묻힐 정도였다.
아, 북소리에 보조를 맞추어 흥겹게 내딛는 그들의 군홧발이 내던 소리.
아, 화려하고 빛나는 광경이었다.
푸른 군복을 차려입고 새로 갖춘 칼과 소총을 지니고
연대의 군인들이 전쟁터로 떠나며 행군하였을 때!

연대가 돌아왔을 때, 총칼은 다 검은빛을 띠었다.
군복은 바래어서 잿빛이었다.
다시 거리를 행군하는 군인들의 낯은
갈 곳 몰라 헤매는 망자亡者처럼 보였다.
갈 곳 몰라 헤매는 망자라 할지라도 그보다 더 창백하고 침통해 보일 수 없었으므로.
아, 가엾고 애처로운 광경이었다.
아, 북소리에 뒤미처 힘겹게 걷는 그들의 발걸음.
연대의 군인들이 전쟁터에서 돌아와 행군하였을 때.

그대는 어느 갈래의 사람이오?

오늘날 세상에는 두 갈래의 사람만이 있다오.
분명 두 갈래의 사람뿐, 더는 없다오.

잘 알다시피 성인과 죄인은 아니오.
착한 사람도 나쁠 때 있고 나쁜 사람도 착할 때 있으니.

부자와 가난한 이도 아니오. 누군가의 가멸을 헤아리려면
그 양심과 건강이 어떤지 알아야 하기에.

겸손한 이와 오만한 이도 아니오. 이 짧은 삶에서
우쭐대기만 하는 이가 사람 구실을 제대로 할까.

행복한 이와 불행한 이도 아니오. 바람같이 흐르는 세월에서
누구나 울 때도 웃을 때도 있으므로.

다 아니외다. 내가 말하는 이 세상 두 갈래의 사람은
부담을 지려고 하는 이와 기대려고 하는 이라오.

그대가 세상 어디를 가든
늘 사람들이 이 둘로 나뉨을 알게 될 거요.

게다가 내 보아하니 참 신기하게도

기대려고 하는 이가 스물이라면 부담을 지려고 하는 이는 기껏해야 한 사람밖에 되지 않음도 알게 될 거외다.

그대는 어느 갈래의 사람이오?

버거운 짐을 지고 힘겹게 길을 걷는 누군가를 봤을 때, 그 짐을 덜어 주려고 하는 이요?

아니면 홀로 짊어져야 할 일과 걱정과 괴로움을

남에게 떠넘기는 기대려고 하는 이요?

보배로움

삶이 흥겨운 노래처럼 흐른다면
즐거이 지내기는 쉬운 노릇이다.
허나 보배로운 이는
모든 게 잘못되더라도 웃음을 머금는 사람이다.
고난이야말로 그이가 얼마나 다부진가를 밝히는 시금석이고
그 다부짐은 세월이 흐른 뒤에야 비로소 드러나므로.
세상에서 칭찬받아 마땅한 웃음은
눈물을 거슬러 빛나는 웃음이다.

그 무엇도 그대를 나쁜 길로 이끌지 않는다면
몸가짐을 올바로 하기는 쉬운 노릇이다.
그대의 넋을 꾀어내려고 하는 죄악의 목소리가
그대 마음속에서든 둘레에서든 들려오지 않는다면.
허나 그 올곧은 몸가짐은 유혹의 불길로 시험을 거치기 전까지는
다만 소극적 미덕에 지나지 않는다.
세상에서 존경받아 마땅한 이는
욕망을 마다하고 물리칠 수 있는 사람이다.

오늘날 세상의 큰길에는
투쟁할 힘조차 없는

한탄하는 사람, 비아냥대는 사람, 그릇된 길로 빠진 사람 등이 막아서고 있다.

세상은 거의 이네들로 가득하다.

하지만 열정을 다스리는 미덕과

웃음 뒤에 가리어진 슬픔이 있다.

이러한 미덕과 슬픔이야말로 세상의 우러름을 받아 마땅하니

적이 보기 드물기 때문이라네.

되풀이

되풀이하고 되풀이하고 다시 되풀이하여
이러한 진실을 시로 지으려 하네.
하느님의 고귀한 계획에는 나와 이녁이 있어야 함을
의지는 운명보다 위대함을
사랑이 세상을 움직이는 힘임을.

세상 사람이 아무리 믿기지 않더라도
마침내 이러한 내 믿음을 귀 기울여 들으리니
늘 우리 마음속에 계시는 하느님을 느끼게 됨을
저 스스로를 숭배함이 유일무이한 죄임을
오직 하나의 악마는 탐욕임을.

되풀이하고 되풀이하고 다시 되풀이하여
이러한 진실을 말하고 읊으려 하네.
사랑은 증오보다 훨씬 힘셈을
사람이 지니고 있는 생각이 곧 제 팔자임을
삶은 썩 아름답고 소중함을.

헨리 반 다이크

집을 읊다

어느 시인의 책에서
별처럼 빛나는 글을 읽었소.
"돌담이 있다 하여 감옥이 되지 않고
쇠창살이 있다 하여 철창이 되지 않아라!"

참으로 그러하오. 이 글과 아울러 그대는
그 어디를 떠돌더라도 알게 되리.
방바닥에 대리석을 깔고 벽에 금박을 입힌다 하여
그곳이 곧 집이 되지는 않음을.

하지만 어디든 사랑이 넘쳐흐르고
좋은 벗이 기꺼이 들르는 데라면
마땅히 집이오. 즐겁고 흐뭇한 집이외다.
게서는 마음이 푹 놓이므로.

삶

앞을 똑바로 바라보며 가슴속에 아무런 거리낌 없이
한 해 두 해 이어지는 삶을 살리라.
목적지에 닿으려 서두르지도 목적지를 꺼리어 피하지도 않으리.
아련한 지난날의 추억으로 사라져 버린 뭔가 때문에 슬퍼하지 않고
장막으로 가려진 앞날의 뭔가 때문에 두려워 움츠리지 않으리.
다만 올곧고 기쁜 마음으로
젊음의 그리고 늙음의 통행료를 꼬박꼬박 치르며
즐겁게 여행하려네.

그리하여 길이 내리막이든 오르막이든
평탄하든 거칠든 흥겨운 여행이 되리라.
어릴 적 찾고자 하였던 걸 꾸준히 찾아다니리.
새로운 벗, 가슴 뛰는 모험, 위대한 승리를.
내 마음은 고행길에도 용기를 잃지 않으리니
그 마지막 길목이 이를 데 없이 훌륭하였으면 하네.

시간은

시간은
기다리는 이에게 너무 느리고
두려워하는 이에게 너무 빠르고
괴로워하는 이에게 너무 길고
즐거워하는 이에게 너무 짧다.
그러나 사랑하는 이에게
시간은 그렇지 않네.

에드윈 마크햄

한 수 윗길

그 사람이 나를 바깥에 둔 원을 그려서 나를 따돌렸다.

이교도, 반역자, 업신여김을 당해야 할 자라고 나를 나무라며.

하지만 나와 내 가슴속 사랑은 그 사람보다 한 수 윗길이었다.

나와 내 사랑은 원 하나를 더 크게 그려서 그 원 안에 그가 들어오게 하였다.

조금 더 노래하자

밝은 해가 저물었는가?
폭풍이 한결 거세졌는가?
그래도 우리 아직은 슬퍼하지 않으리.
조금 더 노래하려네!

우리의 젊음이
세월이라 불리는 못된 자와 마주쳤는가?
그래도 아직은 슬퍼하지 말자.
조금 더 노래하자!

세상이 곤경에 처했는가?
세상이 고난에 차 있는가?
그래도 아직은 슬퍼하지 말자.
조금 더 노래하자!

걸맞은 부류의 사람들

그 무렵, 그 도시는 저 멀리 아득히 사라졌어도
전하여 내려오는 이야기와 가르침은 그대로 남아 있다.
어느 날 야자수 그늘에서 햇볕을 바라보고 있는 선지자 앞에
한 나그네가 마침 점심때가 되어 먼 걸음을 쉬려고 멈추어 서더니 물었다.
"허허벌판에 세운 이 휘황찬란한 도시에 살고 있는 이들은 어떤 사람들인가요?"
"흐음, 길손 양반. 이녁이 떠나온 고향에 살고 있는 이들은 어떤 사람들이오?"
"어떤 사람들이냐고요?" 장사치로 길을 나선 나그네가 낯을 찌푸렸다.
"하, 거기엔 멍청이들, 날강도들밖에 없지요."
"예 살고 있는 이들도 매한가지라오." 슬기로운 선지자가 말하였다.

저녁 어스름이 깔리자, 다른 나그네가 선지자에게 다가왔다.
그가 멈추어 서더니 우렁차게 물었다.
"저기 탑들이 솟아 있는 이 화사한 도시에 살고 있는 이들은 어떤 사람들인가요?"
"흐음, 길손 양반. 이녁이 떠나온 고향에 살고 있는 이들은 어떤 사람들이오?"
"어떤 사람들이냐고요?" 순례자로 길을 나선 나그네가 웃는 낯으로 말하였다.
"그네들은 착하고 참되고 지혜롭지요."
"예 살고 있는 이들도 매한가지라오."
슬기로운 선지자가 말하였다.

시어도어 루즈벨트

광장에 서 있는 이

"비평하는 사람들은 대수롭지 않습니다. 힘센 장부가 어째서 쓰러졌느냐고, 장한 일을 해낸 이가 어째서 더 잘하지 못했느냐고 지적하는 사람들은 대수롭지 않습니다. 실제로 광장에 서 있는 이야말로 칭찬받아 마땅하니, 그이의 얼굴은 흙, 땀, 피로 얼룩져 있습니다. 그이는 과감하게 분투합니다. 아울러 실수도 합니다. 바라는 바에 미치지 못하고, 거듭하여 미치지 못합니다. 노력에는 으레 실수와 부족함이 뒤따르기 때문입니다. 그러나 그이는 훌륭한 일을 이루려 몸소 애씁니다. 위대한 열정, 고귀한 헌신이 무엇인지 압니다. 뜻깊은 대의명분에 온 힘을 다합니다. 마침내 그 마무리가 가장 좋게 된다면 뛰어난 성취를 일구어 냈기에 기쁨과 보람을 느끼게 되고, 가장 나쁘게 되어 설령 실패를 겪더라도, 적어도 더할 나위 없이 대담하게 부딪쳐 나아가다 실패하는 것이며, 그리하여 승리도 패배도 모르는 냉담하고 소심한 사람들이 그이의 둘레에 머물지 못하고 떠나게 됩니다. 세련된 취향을 지닌 이가 자신의 우아함이 까다로움이 되도록 내버려 둔 탓에 고단한 세상의 거친 일에 걸맞지 않게 된다면, 안타까운 노릇입니다."

이 글은 시어도어 루즈벨트 전 미국 대통령이 1910년 4월 23일 프랑스 파리 소르본느에서 한 연설인 "공화국의 시민권(Citizenship in a Republic)" 중 한 구절이다. 우리가 어느 한구석에 있는 방관자가 아닌, 광장, 싸움터 또는 경기장에서 참여하고 행동하는 사람이어야 한다고 말하고 있다.

알프레드 에드워드 하우스먼

내 나이 스물하나일 때

내 나이 스물하나일 때
어느 슬기로운 이가 하는 이야기를 들었다.
"몇 크라운, 몇 파운드, 몇 기니를 넘겨줘도 좋지만
마음은 함부로 내주지 말게.
진주와 루비를 건네는 한이 있어도
꿈은 마음껏 꾸게나."
하지만 내 나이 스물하나
내게 그런 말은 부질없더라.

내 나이 스물하나일 때
그 슬기로운 이가 뒤이어 하는 이야기를 들었다.
"가슴속 깊이 품은 참마음은
그냥 허투루 주고받는 게 아니라서
숱한 한숨과
한없는 비통함을 대가로 치러야 하네."
이제 내 나이 스물둘
아, 옳은 말이더라. 정녕 그렇더라.

햄린 갈런드

산은 외로운 벗들

산은 말 없는 벗들이다.
저 멀리 떨어져 있다. 외롭게도.
밤에 산의 이마에 입 맞추는 구름에게는
산의 한숨도 푸념도 들리지 않는다.
산은 마치 군인처럼
제자리를 지킨 채, 드높이 위풍당당하게
숲을 기슭에 휘감고
하늘을 떠받치고 있다.

바람이 두려운가?

이녁은 거센 바람과

퍼붓는 비가 두려운가?

가서 맞닥뜨리고 맞서 싸워라.

다시 격렬해져라.

늑대처럼 굶주리고 냉정해져라.

두루미처럼 강을 훌쩍 건너라.

이녁 손에 굳은살이 박이리.

이녁 낯이 햇볕에 그을리리.

몰골은 남루하게 몸은 고달프게 살갗은 거뭇하게 되리.

그러나 이녁은 사나이처럼 걷게 되리라!

리처드 호비

바다의 집시

뉘엿뉘엿 넘어가는 해를 보며 마구 들뜨고
물굽이 바라보며 가슴 설레니
내 방랑벽이 도졌기 때문이라
마음은 어느새 중국에 가 있다.

앞바다에 범선 떠 있고
돛대 위에 붉은 기 펄럭이니
마음은 벌써 저 배 위에 있어
희망의 나라로 향한다.

나 내일 다시 떠나야 하네!
저물녘이면
신기한 바다에서
기쁨의 항로 따라 수평선 너머에 가 있으리.

철학

때로 책더미를 밀쳐 두고
나를 슬프게 하는 생각을 떨쳤으면 싶다.
사람들 마음에 차갑고 암울한 회색빛으로 깃들어 온
위대한 사상을 잊었으면 싶다.
때로 희희낙락 쾌활하고 명랑한 젊은이처럼
한바탕 웃으며 즐거이 지냈으면 싶다.
아니면 고달팠던 지난날을 내려놓고
숲속을 거닐며 흥겨운 시간을 보냈으면 싶다.
그러나 자연을 사랑하고 세상의 풍파를 꺼리어
삶의 깊은 신비를
멀리하려 할 때마다
여전히 같은 생각이 내 들썩이는 머릿속으로 몰려들기에
무거워진 심정에 몸을 일으키고
다시 책을 집어 든다.

네거리에서

너는 왼쪽으로 나는 오른쪽으로
사람이 걷는 길은 서로 갈리기 마련이므로.
하루이틀쯤의 헤어짐일 수도
영영 헤어짐일 수도 있다.
앞길이 어떨지는 우리가 알 수 없어서
다시 만날지 헤어질지 모르지만
떠나야 할 길을 앞에 두고
벗과 진심 어린 맹세를 하네!
행운을 빈다!
우리 가는 데가 어디일지 알지 못하니.

우리는 사랑과 전쟁에서 정정당당히 분투하였으나
운명의 룰렛에 매양 속았다.
애써 구하던 목표를 놓치기도 하였고
가망 없다고 여긴 목표를 얻기도 하였다.
손실을 보았을 때는 웃어넘기며 노래 불렀고
이득이 생겼을 때는 눈 찡긋하며 휘파람 불었네.
우리가 맞든 틀리든
엉겅퀴 덤불에도 어쩌다 한 떨기 장미는 피는 법.
행운을 빈다!
네 휘파람을 위하여 입술을 축일 한잔을 들자!

삶이 나눠주는 카드에 따라

우리가 지든 이기든

운명은 우리나 우리의 선택 때문이 아니라

어떤 패가 떨어지느냐로 결정된다.

사랑에도 투쟁에도 운이 따라야 하기에

우리 가운데 내로라하는 이들도 다 실패를 겪고

우리가 틀리든 맞든

때로 놀랍게도 승리를 쟁취하기도 하네.

행운을 빈다!

우리가 실패하지 않도록.

해맑은 얼굴을 하고 씩씩하게 뚜벅뚜벅

함께 길을 걸었지만

이제 비바람이 악마처럼 험악하게 휘몰아치는 밤에

네거리에서 손을 맞잡고 있다.

눈앞에 펼쳐진 먼 길에서

웃음 짓든 상처 입어 피 흘리든

우리 삶의 길은 아득한 구만리이고

운명의 그림자가 머리 위에 드리우네.

행운을 빈다!

우리 앞의 어두움 속에서도 힘차게 지내자!

너는 왼쪽으로 나는 오른쪽으로

사람이 걷는 길은 서로 갈리기 마련이므로.

하루이틀쯤의 헤어짐일 수도

영영 헤어짐일 수도 있다!

끝이 어떨지는 우리가 알 수 없어서

목숨을 잃을지 살아 나갈지 모르지만

여기 꾸밈없는 우리 둘과 드넓은 하늘이 있네.

산들바람이 불더라도 거센 바람이 불더라도!

행운을 빈다!

아무리 험하고 매서운 바람을 맞더라도.

러디어드 키플링

만약에

네 둘레의 사람들 다 고개를 떨구고 너를 탓하여도
너 홀로 떳떳이 고개를 든다면
다들 너를 의심하여도 너 스스로를 믿고
그 의심까지 너그러이 받아들일 수 있다면
줄곧 기다릴 수 있고 그 기다림에 지치지 않을 수 있거나
중상모략을 당하여도 그 거짓말에 대거리하지 않거나
미움을 받아도 그 미움에 굴하지 않으며
지나치게 착하게 보이지 않고, 지나치게 똑똑한 말도 하지 않는다면

네가 꿈을 꾸되, 그 꿈에 휘둘리지 않는다면
생각하되, 그 생각이 네 지상 과제가 되지 않는다면
성공과 실패를 다 같이 마주하되
이 성공과 실패라는 두 눈속임을 한가지로 다룰 수 있다면
악당들이 바보들을 속일 속셈으로 네가 한 말을 그릇되게 이야기하여도
그 이야기를 참고 들을 수 있거나
네 삶을 바친 것들이 눈앞에서 허물어지더라도
몸을 낮추고 낡은 연장을 꺼내어 다시 지을 수 있다면

네가 얻은 걸 남김없이 모아

한 번의 동전 던지기에 걸고

그걸 다 잃어도 처음부터 다시 시작하며

잃은 걸 두고 가타부타 말 한마디 하지 않을 수 있다면

네가 이루고자 하는 일이 벌써 오래전에 부질없어졌어도

그 일을 위하여 힘과 용기와 사랑을 다하고

힘과 용기와 사랑에게 "버티어라"하고 명령하는 의지의 신 말고는

네게 아무것도 남지 않아도 견디어 낼 수 있다면

네가 뭇사람과 말을 주고받으면서 네 미덕을 지키거나

왕과 함께 걸으면서 시민과의 인연을 이어갈 수 있다면

네 적들이나 사랑하는 벗들 때문에 상처받지 않는다면

네게 모두가 기대지만 크게 기대지 않는다면

네가 용납할 수 없는 1분을

긴 호흡의 60초로 채울 수 있다면

그렇다면 이 세상과 이 세상 안의 모든 걸 가진 것이나 진배없다.

무엇보다 너는 사나이가 될 게다, 내 아들아!

동전 던지기(pitch and toss): 동전을 목표 지점에 던져서 가장 가깝게 던진 사람이 모든 동전을 공중으로 던지고 땅에 떨어진 동전 중에 앞면이 나온 것을 갖는 놀이.
시인이 말하는 동전 던지기는 무모하게 행동하라는 의미보다는 운명의 순간에 과감히 결단하되 그 결과에 후회하지 말라는 비유적 의미로 보인다.

윌리엄 버틀러 예이츠

버드나무 빈터에서

버드나무 빈터에서 사랑하는 임을 만났다.
임의 눈처럼 하얀 조그마한 발이 버드나무 빈터를 지나고 있었지.
나뭇가지에서 자라나는 잎새처럼 마음 편한 사랑을 하라고 임이 말하였건만
나는 젊고 둔하였기에 그녀의 말을 순순히 받아들이지 못하였어라.

강을 낀 들녘에서 사랑하는 임과 마주 섰다.
임의 눈처럼 하얀 손이 축 처진 내 어깨에 놓였지.
강둑에서 자라나는 풀처럼 느긋한 삶을 살라고 임이 말하였건만
나는 젊고 둔하였기에 이제서야 눈물 흘리네.

젊은이의 노래

내가 속삭였다. "나는 너무 어려."

이내 다시 속삭였다. "아니, 나이는 먹을 만큼 먹었어."

망설이다 동전을 던졌다.

사랑하여도 될지 알아보려고.

"사랑하시오. 어서 사랑하시오. 젊은이,

그 아가씨가 젊고 아리땁다면."

아, 동전아, 누런 동전아, 누런 동전아

나는 그녀의 땋은 머리에 옴짝 못 한다.

아, 사랑은 참으로 모를 일이어서

사랑이 어떤지를 다 알 만큼

슬기로운 이는 아무 데도 없어라.

하늘의 별이 다 사라지고

달이 어두움에 휩싸일 때까지

사랑만을 끝없이 생각하고 생각할 테니.

아, 동전아, 누런 동전아, 누런 동전아

사랑은 아무리 일찌감치 시작하더라도 이르지 않아라.

흐르는 시간과 함께 오는 지혜

이파리가 무성하다 할지라도 뿌리는 하나.
거짓투성이의 젊은 시절을 지나오며
햇빛 아래 내 잎새와 꽃들을 흔들었으니
이제 비로소 진실함으로 시들어 가도 좋으리.

젊음과 늙음

젊었을 적에 세상의 온갖 고초와 풍파에 짓눌리고 시달렸기에
걸핏하면 마구 분노를 터트렸다.
이제서야 세상은 내게 감언이설을 늘어놓으며
떠나는 나를 더욱 서둘러 떠나보내려 하누나.

이녁이 늙었을 때

이녁이 늙어 머리가 희끗희끗하게 세고 잠이 마구 쏟아져
벽난로 옆에 앉아서 졸려 할 때, 이 책을 꺼내어
천천히 읽어 보오. 한때 정다웠던 이녁의 눈빛과
그윽했던 눈시울의 그늘을 꿈꾸듯 떠올려 보구려.

얼마나 많은 이들이 이녁의 쾌활한 됨됨이를 좋아하였고
참사랑이든 아니든 이녁의 아름다움을 사랑하였던가.
그러나 오직 한 사람만은 이녁이 지닌 순례자의 넋을 좋아하였고
늙어 가는 이녁 낯에 서린 서글픔을 사랑하였네.

난롯불에 붉게 빛나는 가로막이 옆에서 몸을 숙여
조금은 슬프게 중얼거려 보오.
어떻게 사랑이 저 멀리 산 너머로 넘어가
총총하게 빛나는 별 무더기 속으로 모습을 감추었는지를.

위대한 날

혁명이여, 만세. 다시 축포가 터졌다!

말 탄 거지가 길 걷는 거지를 채찍으로 때리고 있네.

혁명이여, 만세. 또다시 축포가 터졌다!

이제는 말 타던 거지가 걷고 걷던 거지가 말 타지만, 채찍질은 끊이지 않아라.

술의 노래

술은 입으로 마시고

사랑은 눈으로 맞는다.

이는 우리가 늙어 세상을 떠나기 전에 알아야 하는

오로지 하나의 진실.

잔을 들어 입가에 대고

그대를 바라보며, 이윽고 한숨짓노라.

하늘의 옷감을 바라다

금빛 은빛 무늬로 수놓은

하늘의 옷감이 내게 있다면

낮, 밤, 어스름의

푸르고 흐릿하고 검은 천이 있다면

그 천을 그대 발 앞에 널어 놓으리다.

하지만 가난한 나는 가진 게 꿈밖에 없어서

내 꿈을 그대 발치에 펼쳐 두었다오.

그대가 밟는 게 내 꿈이니, 부디 고이 밟으시라.

이니스프리의 호수 섬

이제 일어나 떠나리. 이니스프리로 가리.
그곳에 나무 엮고 진흙 발라 조촐한 오두막 지으려네.
아홉 이랑 콩밭 일구고, 꿀벌이 살 벌통 만든 뒤
벌떼 윙윙 노니는 숲속 빈터에 홀로 지내고저.

그곳은 호젓하여, 고즈넉함이 느릿느릿 내려와 머문다.
안개 낀 아침부터 귀뚜라미 우는 밤까지.
한밤중에는 어렴풋한 빛으로 물들고, 한낮에는 보랏빛이 비치며
저녁에는 홍방울새의 날갯짓 소리가 포닥포닥 들려온다.

이제 일어나 떠나리. 호숫가에 나지막이 부딪는 잔물결 소리
낮이고 밤이고 들려오기에.
차 다니는 큰길가에 서 있을 때도 잿빛 돌이 깔린 인도에 서 있을 때도
마음 깊은 곳에서 그 잔물결 소리 들려오기에.

윌리엄 헨리 데이비즈

가르침

여기 한 마리 나비가 일러 주는
가르침이 있다.
거칠고 단단한 바위에도
뿌듯한 느낌이 깃들 수 있다고 하는.
비록 조금도 달콤하지 않은 바위에
동무 하나 없이 홀로 외로이 있을지라도.

내 잠자리가 아무리 투박하더라도
이제는 아랑곳하지 않으려네.
나도 이 조그마한 나비처럼
즐거움을 누릴 수 있으리니
나비의 흥겨운 기분은
돌이 꽃이 되게 할 만큼 힘이 세어라.

내 젊음

내 젊음은 내 늙음이었다.
지루하고 힘겨운 나날이었다.
하많은 시름에 빠져 있던 탓에
시를 떠올리지 못했다.
내 털갈이는 죄다
젊었을 적에 치렀다.

바야흐로 내 삶이 한창때에 이르러
내 넋이 꽃처럼 벙근다.
느지막이 마치 울새처럼
시를 읊을 힘이 넘쳐흐른다.
세상에 태어나 이리 늘그막이 되어서야
정녕 즐기는 법을 깨쳤노라.

한가로움

삶이 걱정 근심만 그득하다면, 무슨 낙으로 살랴.
우리가 가만히 서서 뭔가를 물끄러미 쳐다볼 한가로움조차 없다면.

양떼와 소떼처럼
나뭇가지 아래에서 먼 풍경을 한참 건너다볼 겨를도 없다면.

숲속을 거닐 때
수풀에 도토리를 숨기는 다람쥐를 구경할 겨를도 없다면.

환한 대낮에
밤하늘처럼 별이 총총 빛나는 시냇물을 둘러볼 겨를도 없다면.

고개를 돌려 아리따운 여인과 눈을 마주치고
그 발이 우아하게 춤추는 모습을 바라볼 겨를도 없다면.

그 눈가에서 피어난 웃음이
그 입가에서 한결 밝아지기를 기다릴 겨를도 없다면.

삶이 걱정 근심만 그득하다면, 그 얼마나 처량하랴.
우리가 가만히 서서 뭔가를 물끄러미 쳐다볼 한가로움조차 없다면.

스티븐 크레인

한 사내가 하늘땅에게 말하였다

한 사내가 하늘땅에게 말하였다.
"이보시오, 나는 엄연히 존재하오!"
하늘땅이 대답하였다.
"안타깝게도 나는
있는 그대로의 사실에게서
아무런 의무감도 받지 못하였네."

광막한 세상이 저 멀리 떠나가도

광막한 세상이 저 멀리 떠나가서
검은 공포와
끝없는 밤만이 남더라도
신도, 사람도, 딛고 설 땅도
내게는 없어도 좋으니
만약 그대와 그대의 하얀 팔이 내 곁에 있고
파멸의 구렁텅이가 저 멀리 있다면.

한 사내가 하늘에 떠 있는 금덩이를 보았다

한 사내가 하늘에 떠 있는 금덩이를 보았다.
그걸 가지러 하늘로 올라갔고
드디어 손에 넣었는데
다시 들여다보니 한낱 돌덩이였다.

이제 신기한 일이 벌어진다.
그가 땅으로 내려와
새삼 둘러보니
아, 금덩이가 눈에 띄는 게 아닌가.
이제 신기한 일이 벌어진다.
그것은 금덩이였다.
그렇다. 맹세코 금덩이였다.

내 생각대로 생각하여라

한 사내가 말하였다. "내 생각대로 생각하여라.
그리하지 않는다면 너는 지독히 못된 사람이다.
두꺼비와 다름없느니라."

내가 잠깐 생각하여 본 뒤 말하였다.
"그렇다면 나는 차라리 두꺼비가 되련다."

지평선에 이르려 하는 한 사내를 보았다

지평선에 이르려 하는 한 사내를 보았다.
그는 내리 말을 달리고만 있었다.
그 광경을 보고 있노라니 영 답답하여
그에게 다가갔다.
"부질없는 짓이오." 내가 말하였다.
"당신은 절대로 —"

"거짓말 마시오." 그가 이렇게 소리치더니
끝없이 내달았다.

어느 박식한 이가 내게 다가와

예전에 어느 박식한 이가 내게 다가와 말하였다.
"내가 길을 안다오. 나를 따라오구려"
그 말을 듣자 기쁘기 한량없었다.
우리 둘은 길을 서둘렀다.
그러나 일찌감치 너무나 일찌감치 우리가 다다른 곳에서
내 눈은 제구실을 못하였고
내 발길은 정처 없이 헤매었다.
그저 내 길동무의 손을 부여잡고 매달릴 수밖에 없었는데
그예 그가 이렇게 소리쳤다. "내가 길을 잃었나 보오."

그 옛날 한 사내가 홀연히 나타나

그 옛날 한 사내가 홀연히 나타나

이렇게 말하였다.

"세상 사람을 모조리 내 앞에 줄 세우거라."

그러자 당장

줄 서기를 거스르는 이들이

굉장한 소란을 일으켰다.

이윽고 세상이 온통 떠들썩한 싸움판이 되었다.

그 싸움이 오랜 세월 그치지 않았다.

그리하여 피가 흘렀으니

어떻게든 줄 서지 않으려는 이들과

한사코 줄 서려는 이들이 다투었기 때문이었다.

마침내 그 사내가 눈물 흘리며 비통한 죽음을 맞았다.

내내 피 흘리며 싸우고만 있던 사람들은

그 기막힌 단순함을 끝내 알아차리지 못하였다.

맥스 어맨

이따금 사람들로 북적이는 시장에서

기타를 너무 세게 쳤지만
굳이 무리하지 않아도 좋았다.
한때 굳게 믿고 주장했던 바가
여태껏 삶과 세월에게 반박당하기 일쑤이므로.

젊었을 적 읊었던 노래는 비록 지금 바뀐 듯하나
아직도 이러한 노랫소리가 가슴속에 들려온다.
"정답게 참되게 살아라.
물질 말고 세상 사람을 사랑하여라."

이따금 사람들로 북적이는 시장에서
이기심의 노예인 양 말다툼하는 이들과 어울려 있노라면
문득 마치 옛 노래처럼 이 노랫소리 웅얼웅얼 들려와
다시 정신을 차리게 하네.

"삶"과 "세월"이 무정 체언이어서 일반적으로는 조사 "에"를 붙여야 하지만, 이 시에서는 시인이 "삶과 세월"을 의인화하였기에 "에게"를 붙였다. 원시의 "rangling"은 "wrangling"으로 보이고, "To many strains"은 "Too many strains"일 수 있겠으나, 원문 그대로 두었다.

흘려보내라

J. F. R.에게

흘려보내라, 사랑하는 이여, 흘려보내라.

이 아픔을, 이녁을 슬프게 하는 이 잠깐의 고뇌를.

이 매몰찬 말들, 미심쩍게 흘끗 바라보는 시선들.

조금 전까지만 해도 그 눈에 다정함이 빛났었건만.

수다꾼들이 아무리 떠들어 대더라도 그냥 다 흘려보내라.

여느 밤하늘의 어느 고요한 별은

여름 햇살이 너울거리는 조용한 숲에서 자라나는 풀과 나무는

이녁이 앞으로 맞을 나날은

다가오는 초여름의 이슬비는

이녁의 발길을 반가이 맞아 주는 옛길은

수다꾼들의 고약하고 험악한 말을 몰라라.

이녁 넋의 깊은 뜻을 수다꾼들은 모른다.

설령 안다 하여도, 여전히 이해하지 못한다.

이녁이 가장 좋아하는 길을 꾸준히 걸어라.

세상 그 누구도 이녁만큼 그 길을 잘 알지 못하네.

이녁 삶을 이루는 소중한 것들도 알지 못하네.

그러하니, 이녁을 슬프게 하는 이 잠깐의 고뇌를.

흘려보내라, 사랑하는 이여, 흘려보내라.

바라는 바

둘레가 소란하고 번잡하더라도 차분히 나아가라. 그리고 떠올려라. 둘레가 고요하다면 얼마나 아늑할지를. 될 수 있는 대로 세상과 타협하지 않되 모든 이와 사이좋게 지내어라.

이녘의 참마음을 나지막이 또박또박 말하여라. 그리고 다른 이의 이야기에 귀 기울여라. 비록 그네들이 어리석고 무지하다 하더라도. 그네들도 나름의 사연이 있다.

시끄럽고 사나운 사람을 멀리하여라. 그들은 이녘의 마음을 언짢게 한다. 이녘을 다른 이와 견주려고 한다면 이녘은 못내 쓰라리거나 우쭐대리니, 언제 어디서나 이녘보다 잘나거나 못난 사람이 있기 마련이다.

이녘의 계획과 더불어 이루어지는 성취를 즐겨라. 아무리 보잘것없어 보여도 이녘이 걷고 있는 길을 흥미롭게 여겨라. 그 길이야말로 달라지는 세월의 운명을 거친 뒤에 이녘에게 남는 참된 재산이다.

이녘이 맡은 일에 주의를 기울여라. 세상에는 수두룩한 속임수가 있으므로. 그러나 주의를 기울인다 하여 미덕을 못 보고 지나치지 말아라. 많은 이들이 높은 이상을 이루려 애쓰고 있고, 세상 어디든 삶은 영웅적 행동으로 가득 차 있다.

이녘답게 지내어라. 특히 마음에 없는 사랑을 거짓으로 꾸미지 말아라. 아울러 사랑을 비웃지도 말아라. 사랑은 그 어떤 환멸과 황량함을 맞더라도 푸른 풀벌과 같이 언제까지나 끊임없이 이어진다.

젊었을 적 추억을 의젓하게 내려놓고, 세월의 가르침을 기꺼이 받아들여라. 이녘 넋의 힘을 굳세게 키워서, 갑자기 들이닥치는 불행을 막아 내어라. 하지만 어두운 생각에 사로잡혀 괴로워하지는 말아라. 하많은 두려움은 피로함과 외로움에서 생겨난다.

몸과 마음을 올바르게 갈고닦되, 이녁 스스로를 정답게 대하여라. 이녁은 숲의 나무처럼 밤하늘의 별처럼 하늘땅의 아들딸이므로, 무릇 이 세상을 누릴 자격이 있다.

이녁에게 확신이 들거나 아니거나, 으레 하늘땅은 우리에게 그 모습을 드러내고 있다. 그러하니 이녁이 마음속에 하느님을 어떻게 그리고 있든, 하느님의 평화로움에 머물러라. 어지럽고 떠들썩한 삶에서 이녁의 수고와 소망이 무엇이든, 마음을 평온하게 하여라. 온갖 거짓, 고달픔, 무너진 꿈이 있을지라도, 세상은 변함없이 아름답다.

흥겹게 지내어라. 행복하게 지내려고 노력하여라.

원시는 행을 나누지 않고 쭉 이어서 쓴 산문시이지만, 읽기 편하게 10개의 행으로 나누었다.
시인의 이름은 확실한 사실을 알 수가 없어서 미국식 이름인 "맥스 어맨"으로 하였다.
다만 시인의 부모가 미국으로 이민 온 독일인이고 이름도 독일식이기에, 시인이 "막스 에르만"이라고 불리었을 수도 있다.

아서 채프먼

거기에서부터 서부라네

사람들이 더 힘 있게 악수하고
그네들의 방긋 웃음이 조금 더 오래 머무르는 곳
거기에서부터 서부라네.
한낮의 해가 조금 더 밝게 빛나고
하늘에서 내리는 눈이 조금 더 하야며
식구끼리의 정이 조금이라도 더 도타운 곳
거기에서부터 서부라네.

하늘이 조금 더 푸르고
우정이 조금 더 참된 곳
거기에서부터 서부라네.
산들바람이 더 상쾌하게 불고
실개천이 흐르는 데마다 웃음소리가 끊이지 않으며
덜 뿌리고 더 많이 거두는 곳
거기에서부터 서부라네.

새로운 세상이 이룩되고 있고

절망에 빠져 마음 아파하는 이를 보기가 더 힘든 곳

거기에서부터 서부라네.

사람들이 덜 한숨짓고 더 많이 노래하고

사고팔기보다는 그냥 주고받기를 좋아하며

쉬이 벗을 사귀는 곳

거기에서부터 서부라네.

로버트 프로스트

가지 않은 길

낙엽이 누렇게 물든 숲속에서 길이 둘로 갈리었다.
두 갈래 길을 다 갈 수는 없고 마지못해 하나를 골라야만 하여
안타까워서 한참 서 있었지.
수풀 사이로 굽이지어 뻗은 한쪽 길을
눈길이 닿는 데까지 저 멀리 바라보면서.

이윽고 다른 길로 나아갔다.
그 길이 못지않게 아름다웠고, 어쩌면 더 좋아 보였으니
풀이 우북하였으며, 사람의 발자취가 드물었기에.
사람이 다닌 흔적이야
두 길이 엇비슷하였다.

그날 아침 두 갈래 길에는
아무도 지나지 않아 말끔한 낙엽이 쌓여 있었다.
아, 처음에 바라보았던 가지 않은 길은 뒷날을 기약해야만 하였네!
길은 다른 길로 이어지고 이어지므로
그 자리로 되돌아오기는 힘들어 보였지만.

어쩌면 세월이 흐르고 흘러 어느 날엔가
한숨지으며 이렇게 말하리라.
숲속에서 길이 둘로 갈리었고, 나는...
나는 사람이 덜 다닌 길로 나아갔으며
그 뒤 모든 게 달라졌노라고.

쓰러져 있었다

비가 바람에게 말하였다.

"너는 몰아붙여라. 나는 내려칠 테니."

비와 바람이 꽃밭을 때려 댔기에

꽃들은 수그릴밖에.

지지는 않았으나 쓰러져 있었다.

나는 꽃들의 심정을 알겠다.

불과 얼음

어떤 이는 불로

어떤 이는 얼음으로 세상이 끝장나리라고 이야기한다.

내가 겪어 본 욕망에 비추어 보면

불이라 주장하는 이들의 편을 들고 싶다.

하지만 세상이 두 번 결딴난다면

짐작건대 세상의 증오를 벌써 잘 알고 있으니

이렇게 말할 수도 있겠다.

얼음에 의한 파멸도 그럴듯하리라.

얼음으로도 너끈하리라.

시인은 세상 사람의 욕망과 증오를 불과 얼음으로 비유하고 있다. 세상이 불처럼 뜨거워지거나 얼음처럼 차가워질지 모르니 욕망과 증오를 경계하라고 말하는 듯하다.

눈 내리는 저녁 숲가에 서서

예가 누구네 숲인지 알 것 같다.
하지만 그 친구는 저 멀리 읍내에 살고 있어서
눈이 쌓이고 있는 제 숲을
내가 예 서서 바라보고 있음을 알 리 없으리.

내 어린 말은 이상하다 생각하리라.
가까이에 농가 한 채 없고 일 년 중 가장 어두운 저녁임에도
숲과 꽁꽁 언 호수 어름에서
이리 꾸물거리고 있다니.

녀석이 워낭을 잘그랑거리어
뭔 일이 생겼냐고 묻는다.
워낭의 울림 말고는
사락사락 눈 내리는 소리, 건듯 부는 산들바람 소리밖에 없다.

숲은 어둡고 아득하며, 아름답다.
허나 나는 지켜야 할 약속이 있고
잠들기 전 먼 길을 가야 하네.
잠들기 전 먼 길을 가야 하네.

칼 윌슨 베이커

내가 나이 들수록 더 아름다워지기를

내가 나이 들수록 더 아름다워지기를.
많은 훌륭한 것이 그러하다.
레이스, 상아, 황금
그리고 비단은 굳이 새것이 아니어도 좋다.
오래된 숲에 있으면 마음이 가뿐하게 된다.
옛 거리를 거닐면 그만의 정취에 빠져든다.
나라고 이네들처럼
나이 들수록 더 아름다워지지 말라는 법이 있으랴?

코끼리가 당하는 수난을 생각하면, 상아가 아름답다는 시인의 말을 그대로 받아들이기는 어렵다. 예전에 쓰인 시가 오늘날의 정서와 다 부합하지는 않는다. 오늘날과 다른 시대를 살았던 시인도 생태나 환경에 관하여 오늘날과 같이 인식하기는 쉽지 않았을 것이다.

딜런 토머스

아늑한 밤이 오더라도 속절없이 잠들지 마세요

아늑한 밤이 오더라도 속절없이 잠들지 마세요.
늙으신네는 하루가 저물려 할 때 열정을 다하여 외쳐야 하지요.
꺼져 가는 불빛에 맞서 거듭 노여워하고 노여워하세요.

지혜로운 이들은 끝이 다가왔을 때 어두움을 순리로 받아들이지요.
그네들의 말이 번개처럼 번뜩인 적이 없었기에.
아늑한 밤이 오더라도 속절없이 잠들지 마세요.

선량한 이들은 마지막 파도가 넘실댈 때 그 화려함에 감탄하여 소리치지요.
그네들의 소박한 선행이 푸른 물굽이에서 아른거리겠지요.
꺼져 가는 불빛에 맞서 거듭 노여워하고 노여워하세요.

거친 이들은 스쳐 가는 해를 붙잡고 소리쳐 보지만
이미 때늦었음을 느끼고, 멀어져 가는 해를 보며 서글픔에 잠기지요.
아늑한 밤이 오더라도 속절없이 잠들지 마세요.

근엄한 이들은 삶의 막바지에 이르렀을 때 눈 부신 빛을 보게 되지요.
그네들의 눈은 한 치 앞이 안 보여도 별똥별처럼 빛나고 화려하게 보이겠지요.

꺼져 가는 불빛에 맞서 거듭 노여워하고 노여워하세요.

그리고 노인장, 거기 슬픔의 언덕에 서 있는 우리 아버지
제발 당신의 격한 눈물로 나를 저주하거나 축복하세요.
아늑한 밤이 오더라도 속절없이 잠들지 마세요.
꺼져 가는 불빛에 맞서 거듭 노여워하고 노여워하세요.

작자 미상

늘 끝을 보아라

한번 일을 맡았으면
끝날 때까지는 손을 놓지 말아라.
그 일이 잗다랗든 대단하든
하려면 제대로 하거나 아니면 아예 하지 말아라.

아는 자

그가 모르고, 모르고 있음도 모르고 있다면
그는 바보이니, 멀리하라.
그가 모르지만, 모르고 있음을 알고 있다면
그는 순진하니, 가르쳐라.
그가 알지만, 알고 있음을 모르고 있다면
그는 잠들어 있으니, 깨워라.
그가 알고, 알고 있음도 알고 있다면
그는 지혜로우니, 따르라.

페르시아 속담

세 개의 문

다른 이에게서 들은 누군가의 이야기를
그대의 입 밖에 내고 싶은 마음이 들끓는다면
그 이야기를 밝히기 전에
세 개의 황금 문을 지나게 하라.
세 개의 좁은 문은 이러하니, 첫 번째 문은 "그 이야기가 참인가?"이고
두 번째 문은 "그 이야기를 꼭 해야만 하는가?"이다.
가슴속으로 이 두 질문을 마주하여 솔직히 대답하라.
뒤이어 마지막이자 가장 좁은 문이니
"그 이야기를 하려는 게 그대의 따뜻한 마음에서 비롯되었는가?"이다.
그 이야기가 이 세 개의 문을 거쳐 나온 뒤에
마침내 그대의 입에 이른다면
그대는 그 이야기를 하여도 좋으며
이후에 어떠한 일이 생길지 두려워하지 않아도 좋다.

어느 아라비아인

제안

"아빠한테 물어봐요." 아가씨가 말하였다.

젊은이는 아빠가 이미 돌아가셨음을 알고 있었다.

아빠가 어떠한 삶을 살았는지도 알고 있었다.

젊은이는 그 말뜻을 알아차렸다.

"아빠한테 물어봐요."라고 아가씨가 말하였을 때.

내 마음을 찾아 나섰다

내 마음을 찾아 나섰다.

그러나 내 눈에는 보이지 않았다.

내 하느님을 찾아 나섰다.

그러나 어디 계시는지 알 수 없었다.

내 형제를 찾아 나섰다.

비로소 내 마음과 하느님과 형제를 다 찾아내었다.

결의

앤드루 바튼 경이 말하였다.
"나는 다쳤으나, 아직 살아 있네.
잠시 누워 피야 조금 흘리겠지만
곧 일어나 다시 싸울 걸세."

하느님과 군인

험난한 시절에는
다들
하느님과 군인을 떠받들고 사랑하나
그때가 지나면 영 딴판이다.
전쟁이 끝나고
다시 일상으로 돌아가니
하느님을 소홀히 하고
늙은 군인을 거들떠보지도 않는구나.

'하느님과 군인'은 프랜시스 퀄스의 "보통 사람의 신앙심"(p.10)과 유사하다. 이 이름 없는 시인이 그 시를 달리 바꾸어 읊었거나, 어렴풋한 기억에서 떠올려 적은 듯하다.

아, 영국이여!

아, 영국이여!
그대의 머리도 병들고, 마음도 병들고
구석구석 어디 한 군데 병들지 않은 데가 없다.
더구나 그대가 성한 몸이라 여기고 있으니
병세 더욱 위중하도다.

못 한 개가 모자라

못 한 개가 모자라 편자를 말굽에 박지 못하였다.
그 편자 한 개를 말굽에 박지 못하여 말이 뛰지 못하였다.
그 말 한 마리가 뛰지 못하여 전령傳令의 발이 묶였다.
그 전령 한 사람의 발이 묶여 명령문을 전하지 못하였다.
그 명령문 한 장을 전하지 못하여 전투에 패하고 말았다.
그 전투에 한 번 패하는 바람에 왕국이 무너졌다.
고작 편자 못 한 개가 모자랐을 뿐이거늘.

사람의 나이

열 살이면 아직 어린아이이고, 스물이면 거칠고 투박하고
서른이면 아마도 세상에 적응할 때이고
마흔이면 세상 물정을 알고, 쉰이면 부富를 이루고
예순이면 착하거나 바이 착하지 않네.

이 길을 두 번 다시 지나지 않을 터이니

나는 이 풍진세상風塵世上을, 아!
한 번, 단 한 번밖에는 지나지 않는다.
괴로워하는 벗이나 이웃에게
다정함을 보이거나
선행을 베풀 양이면
될 수 있는 한 힘써 그리하여야 하네.
잠시도 머뭇거리지 말아야 하리. 당연하고 분명하게도
이 길을 두 번 다시 지나지 않을 터이니.

원시

... and if I had to live my life again, I would have made a rule to read some poetry and listen to some music at least once every week; for perhaps the parts of my brain now atrophied would thus have been kept active through use. The loss of these tastes is a loss of happiness, and may possibly be injurious to the intellect, and more probably to the moral character, by enfeebling the emotional part of our nature.

Charles Darwin (from "The Autobiography of Charles Darwin")

William Shakespear

Tomorrow, and Tomorrow, and Tomorrow

Tomorrow, and tomorrow, and tomorrow,
Creeps in this petty pace from day to day
To the last syllable of recorded time,
And all our yesterdays have lighted fools
The way to dusty death. Out, out, brief candle!
Life's but a walking shadow, a poor player
That struts and frets his hour upon the stage
And then is heard no more. It is a tale
Told by an idiot, full of sound and fury,
Signifying nothing.

Blow, Blow, Thou Winter Wind

Blow, blow, thou winter wind,
Thou art not so unkind
As man's ingratitude;
Thy tooth is not so keen,
Because thou art not seen,
Although thy breath be rude.
Heigh-ho! sing, heigh-ho! unto the green holly:
Most friendship is feigning, most loving mere folly:

Then, heigh-ho, the holly!
This life is most jolly.

Freeze, freeze, thou bitter sky,
That dost not bite so nigh
As benefits forgot:
Though thou the waters warp,
Thy sting is not so sharp
As friend remembered not.
Heigh-ho! sing, heigh-ho! unto the green holly:
Most friendship is feigning, most loving mere folly:
Then, heigh-ho, the holly!
This life is most jolly.

Sonnet 18 Shall I Compare Thee to a Summer's Day?

Shall I compare thee to a summer's day?
Thou art more lovely and more temperate:
Rough winds do shake the darling buds of May,
And summer's lease hath all too short a date;
Sometime too hot the eye of heaven shines,
And often is his gold complexion dimm'd;
And every fair from fair sometime declines,
By chance, or nature's changing course, untrimm'd;
But thy eternal summer shall not fade,

Nor lose possession of that fair thou ow'st;
Nor shall Death brag thou wander'st in his shade,
When in eternal lines to time thou grow'st:
  So long as men can breathe, or eyes can see,
  So long lives this, and this gives life to thee.

Sonnet 29 When, in Disgrace with Fortune and Men's Eyes

When, in disgrace with fortune and men's eyes,
I all alone beweep my outcast state,
And trouble deaf heaven with my bootless cries,
And look upon myself and curse my fate,
Wishing me like to one more rich in hope,
Featured like him, like him with friends possessed,
Desiring this man's art and that man's scope,
With what I most enjoy contented least;
Yet in these thoughts myself almost despising,
Haply I think on thee, and then my state,
Like to the lark at break of day arising
From sullen earth, sings hymns at heaven's gate;
  For thy sweet love remembered such wealth brings
  That then I scorn to change my state with kings.

Sonnet 116 Let Me not to the Marriage of True Minds

Let me not to the marriage of true minds
Admit impediments. Love is not love
Which alters when it alteration finds,
Or bends with the remover to remove.
O, no! it is an ever-fixed mark
That looks on tempests and is never shaken;
It is the star to every wand'ring bark,
Whose worth's unknown, although his height be taken.
Love's not Time's fool, though rosy lips and cheeks
Within his bending sickle's compass come;
Love alters not with his brief hours and weeks,
But bears it out even to the edge of doom.
  If this be error and upon me prov'd,
  I never writ, nor no man ever lov'd.

Thomas Campion

Integer Vitae

The man of life upright,
Whose guiltless heart is free
From all dishonest deeds,
Or thought of vanity;

The man whose silent days
In harmless joys are spent,
Whom hopes cannot delude,
Nor sorrow discontent;

That man needs neither towers
Nor armour for defence,
Nor secret vaults to fly
From thunder's violence:

He only can behold
With unaffrighted eyes
The horrors of the deep
And terrors of the skies.

Thus, scorning all the cares
That fate or fortune brings,
He makes the heaven his book,
His wisdom heavenly things;

Good thoughts his only friends,
His wealth a well-spent age,
The earth his sober inn
And quiet pilgrimage.

integer vitae: Lat. blameless in life

John Donne

For Whom the Bell Tolls

No man is an island, entire of itself;
every man is a piece of the continent,
a part of the main.
If a clod be washed away by the sea,
Europe is the less,
as well as if a promontory were,
as well as if a manor of thy friend's
or of thine own were.
Any man's death diminishes me,
because I am involved in mankind,
and therefore never send to know
for whom the bells tolls.
It tolls for thee.

Death, Be not Proud

Death, be not proud, though some have called thee
Mighty and dreadful, for thou art not so;
For those whom thou think'st thou dost overthrow
Die not, poor Death, nor yet canst thou kill me.
From rest and sleep, which but thy pictures be,
Much pleasure; then from thee much more must flow,
And soonest our best men with thee do go,
Rest of their bones, and soul's delivery.
Thou art slave to fate, chance, kings, and desperate men,
And dost with poison, war, and sickness dwell,
And poppy or charms can make us sleep as well,
And better than thy stroke; why swell'st thou then?
One short sleep past, we wake eternally,
And death shall be no more; Death, thou shalt die.

Francis Quarles

Respice Finem

My soul, sit thou a patient looker-on;
Judge not the play before the play is done:
Her plot hath many changes; every day
Speaks a new scene; the last act crowns the play.

Of Common Devotion

Our God and soldiers we alike adore,
Even at the brink of danger, not before:
After deliverance, both alike requited,
Our God's forgotten, and our soldiers slighted.

respice finem: Lat. look to the end; consider the final outcome

Henry King

Sic Vita

Like to the falling of a star,
Or as the flights of eagles are,
Or like the fresh spring's gaudy hue,
Or silver drops of morning dew,
Or like a wind that chafes the flood,
Or bubbles which on water stood:
Even such is man, whose borrowed light
Is straight called in, and paid to night.

The wind blows out, the bubble dies,
The spring entombed in autumn lies,
The dew dries up, the star is shot,
The flight is past, and man forgot.

sic vita est: Lat. thus is life.

Thomas Carew

Disdain Returned

He that loves a rosy cheek,
Or a coral lip admires,
Or from star-like eyes doth seek
Fuel to maintain his fires:
As old Time makes these decay,
So his flames must waste away.

But a smooth and steadfast mind,
Gentle thoughts and calm desires,
Hearts with equal love combined,
Kindle never-dying fires.
Where these are not, I despise
Lovely cheeks or lips or eyes.

No tears, Celia, now shall win
My resolved heart to return;
I have searched thy soul within,
And find nought but pride and scorn;
I have learned thy arts, and now
Can disdain as much as thou.
Some power in my revenge convey
That love to her I cast away.

Alexander Pope

Ode on Solitude

Happy the man, whose wish and care
A few paternal acres bound,
Content to breathe his native air
In his own ground.

Whose herds with milk, whose fields with bread,
Whose flocks supply him with attire,
Whose trees in summer yield him shade,
In winter fire.

Blest, who can unconcern'dly find
Hours, days, and years slide soft away,
In health of body, peace of mind,
Quiet by day.

Sound sleep by night; study and ease,
Together mixed; sweet recreation;
And innocence, which most does please
With meditation.

Thus let me live, unseen, unknown;
Thus unlamented let me die;

Steal from the world, and not a stone
Tell where I lie.

A Little Learning

A little learning is a dangerous thing;
Drink deep, or taste not the Pierian spring:
There shallow draughts intoxicate the brain,
And drinking largely sobers us again.
Fired at first sight with what the Muse imparts,
In fearless youth we tempt the heights of Arts,
While from the bounded level of our mind
Short views we take, nor see the lengths behind;
But, more advanced, behold with strange surprise
New distant scenes of endless science rise!
So pleased at first the towering Alps we try,
Mount o'er the vales, and seem to tread the sky,
The eternal snows appear already past,
And the first clouds and mountains seem the last;
But those attained, we tremble to survey
The growing labours of the lengthened way,
The increasing prospects tire our wandering eyes,
Hills peep o'er hills, and Alps on Alps arise!

John Adams

White House Blessing

I pray Heaven to bestow the best of blessings on this house,
and all that shall hereafter inhabit it.
May none but honest and wise men ever rule under this roof.

(In a letter from the White House, 1800)

William Blake

The Little Black Boy

My mother bore me in the southern wild,
And I am black, but O! my soul is white;
White as an angel is the English child,
But I am black, as if bereaved of light.

My mother taught me underneath a tree
And sitting down before the heat of day,
She took me on her lap and kissed me,
And, pointing to the east, began to say:

"Look on the rising sun - there God does live,
And gives his light, and gives his heat away;
And flowers and trees and beasts and men receive
Comfort in morning, joy in the noonday.

"And we are put on earth a little space,
That we may learn to bear the beams of love;
And these black bodies and this sunburnt face
Is but a cloud, and like a shady grove.

"For when our souls have learned the heat to bear,
The cloud will vanish, we shall hear his voice,
Saying: 'Come out from the grove, my love and care,
And round my golden tent like lambs rejoice.'"

Thus did my mother say, and kissed me;
And thus I say to little English boy.
When I from black, and he from white cloud free,
And round the tent of God like lambs we joy,

I'll shade him from the heat, till he can bear
To lean in joy upon our father's knee;
And then I'll stand and stroke his silver hair,
And be like him, and he will then love me.

The Chimney Sweeper: When my mother died I was very young

When my mother died I was very young,
And my father sold me while yet my tongue
Could scarcely cry "'weep! 'weep! 'weep! 'weep!"
So your chimneys I seep, and in soot I sleep.

There's little Tom Dacre, who cried when his head,
That curl'd like a lamb's back, was shav'd: so I said,
"Hush, Tom! never mind it, for when your head's bare,
You know that the soot cannot spoil your white hair."

And so he was quiet, and that very night,
As Tom was a-sleeping he had such a sight!
That thousands of sweepers, Dick, Joe, Ned, and Jack,
Were all of them lock'd up in coffins of black.

And by came an angel who had a bright key,
And he open'd the coffins and set them all free;
Then down a green plain leaping, laughing, they run,
And wash in a river, and shine in the sun.

Then naked and white, all their bags left behind,
They rise upon clouds and sport in the wind;
And the angel told Tom, if he'd be a good boy,
He'd have God for his father, and never want joy.

And so Tom awoke; and we rose in the dark,
And got with our bags and our brushes to work.
Tho' the morning was cold, Tom was happy and warm:
So if all do their duty, they need not fear harm.

The Chimney Sweeper: A little black thing among the snow

A little black thing among the snow,
Crying "'weep! 'weep!" in notes of woe!
"Where are thy father and mother? Say?"
"They are both gone up to the church to pray.

Because I was happy upon the heath,
And smil'd among the winter's snow,
They clothed me in the clothes of death,
And taught me to sing the notes of woe.

And because I am happy, and dance and sing,
They think they have done me no injury,
And are gone to praise God and his Priest and King,
Who make up a heaven of our misery."

The Smile

There is a Smile of Love
And there is a Smile of Deceit
And there is a Smile of Smiles
In which these two Smiles meet

And there is a Frown of Hate
And there is a Frown of disdain
And there is a Frown of Frowns
Which you strive to forget in vain

For it sticks in the Hearts deep Core
And it sticks in the deep Back bone
And no Smile that ever was smild
But only one Smile alone

That betwixt the Cradle & Grave
It only once Smild can be
But when it once is Smild
Theres an end to all Misery

London

I wander thro' each charter'd street,
Near where the charter'd Thames does flow.
And mark in every face I meet
Marks of weakness, marks of woe.

In every cry of every Man,
In every Infants cry of fear,
In every voice, in every ban,
The mind-forg'd manacles I hear.

How the Chimney-sweeper's cry
Every black'ning Church appalls,
And the hapless Soldier's sigh
Runs in blood down Palace walls.

But most thro' midnight streets I hear
How the youthful Harlot's curse
Blasts the new born Infant's tear,
And blights with plagues the Marriage hearse.

Robert Burns

On a Dog of Lord Eglinton's

I Never barked when out of season,
I never bit without a reason;
I ne'er insulted weaker brother,
Nor wronged by force or fraud another.
We brutes are placed a rank below;
Happy for man could he say so.

My Heart's in the Highlands

My heart's in the Highlands, my heart is not here,
My heart's in the Highlands a-chasing the deer,
A-chasing the wild-deer and following the roe —
My heart's in the Highlands, wherever I go!

Farewell to the Highlands, farewell to the North,
The birth-place of valour, the country of worth!
Wherever I wander, wherever I rove,
The hills of the Highlands for ever I love.

My heart's in the Highlands, my heart is not here,
My heart's in the Highlands a-chasing the deer,

A-chasing the wild-deer and following the roe —
My heart's in the Highlands, wherever I go!

Farewell to the mountains, high-cover'd with snow,
Farewell to the straths and green valleys below,
Farewell to the forests and wild-hanging woods,
Farewell to the torrents and loud-pouring floods!

My heart's in the Highlands, my heart is not here,
My heart's in the Highlands a-chasing the deer,
A-chasing the wild-deer and following the roe —
My heart's in the Highlands, wherever I go!
My heart's in the Highlands, farewell.

A Red, Red Rose

O my Luve's like a red, red rose
That's newly sprung in June;
O my Luve's like the melody
That's sweetly play'd in tune.

As fair art thou, my bonnie lass,
So deep in luve am I;
And I will luve thee still, my dear,
Till a' the seas gang dry.

Till a' the seas gang dry, my dear,
And the rocks melt wi' the sun;
I will luve thee still, my dear,
While the sands o' life shall run.

And fare thee weel, my only Luve!
And fare thee weel a while!
And I will come again, my Luve,
Though it were ten thousand mile.

Auld Lang Syne

Should old acquaintance be forgot,
And never brought to mind?
Should old acquaintance be forgot,
And auld lang syne?

Chorus
For auld lang syne, my dear,
For auld lang syne,
We'll take a cup of kindness yet,
For auld lang syne.

And surely you'll buy your pint cup!
And surely I'll buy mine!
And we'll take a cup o' kindness yet,

For auld lang syne.

Chorus

We two have run about the hills,
And picked the daisies fine;
But we've wandered many a weary foot,
Since auld lang syne.

Chorus

We two have paddled in the stream,
From morning sun till dine;
But seas between us broad have roared
Since auld lang syne.

Chorus

And there's a hand my trusty friend!
And give me a hand o' thine!
And we'll take a right good-will draught,
For auld lang syne.

Chorus

Auld Lang Syne: "old long since" or, less literally, "long long ago", "days gone by".

Auld Lang Syne (Original text of Robert Burns)

Should auld acquaintance be forgot,
And never brought to mind?
Should auld acquaintance be forgot,
And auld lang syne!

Chorus:
For auld lang syne, my jo,
For auld lang syne,
We'll tak' a cup o' kindness yet,
For auld lang syne.

And surely ye'll be your pint-stoup!
And surely I'll be mine!
And we'll tak' a cup o' kindness yet,
For auld lang syne.
Chorus

We twa hae run about the braes,
And pou'd the gowans fine;
But we've wander'd mony a weary fit,
Sin' auld lang syne.
Chorus

We twa hae paidl'd in the burn,

Frae morning sun till dine;
But seas between us braid hae roar'd
Sin' auld lang syne.
Chorus

And there's a hand, my trusty fiere!
And gie's a hand o' thine!
And we'll tak' a right gude-willie waught,
For auld lang syne.
Chorus

William Wordsworth

My Heart Leaps Up

My heart leaps up when I behold
A rainbow in the sky:
So was it when my life began;
So is it now I am a man;
So be it when I shall grow old,
Or let me die!
The Child is father of the Man;
And I could wish my days to be
Bound each to each by natural piety.

Ode 10

Intimation of Immortality from Recollections of Early Childhood

Then sing, ye birds, sing, sing a joyous song!
And let the young lambs bound
As to the tabor's sound!
We in thought will join your throng,
Ye that pipe and ye that play,
Ye that through your hearts today
Feel the gladness of the May!
What though the radiance which was once so bright
Be now for ever taken from my sight,
Though nothing can bring back the hour
Of splendour in the grass, of glory in the flower;
We will grieve not, rather find
Strength in what remains behind;
In the primal sympathy
Which having been must ever be;
In the soothing thoughts that spring
Out of human suffering;
In the faith that looks through death,
In years that bring the philosophic mind.

I Wandered Lonely as a Cloud

I wandered lonely as a cloud
That floats on high o'er vales and hills,
When all at once I saw a crowd,
A host, of golden daffodils;
Beside the lake, beneath the trees,
Fluttering and dancing in the breeze.

Continuous as the stars that shine
And twinkle on the milky way,
They stretched in never-ending line
Along the margin of a bay:
Ten thousand saw I at a glance,
Tossing their heads in sprightly dance.

The waves beside them danced; but they
Out-did the sparkling waves in glee:
A poet could not but be gay,
In such a jocund company:
I gazed — and gazed — but little thought
What wealth the show to me had brought:

For oft, when on my couch I lie
In vacant or in pensive mood,
They flash upon that inward eye
Which is the bliss of solitude;

And then my heart with pleasure fills,
And dances with the daffodils.

She Dwelt among the Untrodden Ways

She dwelt among the untrodden ways
Beside the springs of Dove,
A Maid whom there were none to praise
And very few to love:

A violet by a mossy stone
Half hidden from the eye!
—Fair as a star, when only one
Is shining in the sky.

She lived unknown, and few could know
When Lucy ceased to be;
But she is in her grave, and, oh,
The difference to me!

It is a Beauteous Evening, Calm and Free

It is a beauteous evening, calm and free,
The holy time is quiet as a Nun
Breathless with adoration; the broad sun

Is sinking down in its tranquility;
The gentleness of heaven broods o'er the Sea;
Listen! the mighty Being is awake,
And doth with his eternal motion make
A sound like thunder — everlastingly.
Dear child! dear Girl! that walkest with me here,
If thou appear untouched by solemn thought,
Thy nature is not therefore less divine:
Thou liest in Abraham's bosom all the year;
And worshipp'st at the Temple's inner shrine,
God being with thee when we know it not.

Walter Scott

Lucy Ashton's Song

Look not thou on beauty's charming,
Sit thou still when kings are arming,
Taste not when the wine-cup glistens,
Speak not when the people listens,
Stop thine ear against the singer,
From the red gold keep thy finger;
Vacant heart, and hand, and eye,
Easy live and quiet die.

Samuel Taylor Coleridge

Answer to a Child's Question

Do you ask what the birds say? The sparrow, the dove,
The linnet and thrush say, "I love and I love!"
In the winter they're silent — the wind is so strong;
What it says, I don't know, but it sings a loud song.
But green leaves, and blossoms, and sunny warm weather,
And singing, and loving — all come back together.
But the lark is so brimful of gladness and love,
The green fields below him, the blue sky above,
That he sings, and he sings; and for ever sings he —
"I love my Love, and my Love loves me!"

Work without Hope

Lines Composed February 21, 1827

All Nature seems at work. Slugs leave their lair —
The bees are stirring — birds are on the wing —
And Winter slumbering in the open air,
Wears on his smiling face a dream of Spring!
And I the while, the sole unbusy thing,
Nor honey make, nor pair, nor build, nor sing.

Yet well I ken the banks where Amaranths blow,
Have traced the fount whence streams of nectar flow.
Bloom, O ye Amaranths! bloom for whom ye may,
For me ye bloom not! Glide, rich streams, away!
With lips unbrightened, wreathless brow, I stroll:
And would you learn the spells that drowse my soul?
Work without Hope draws nectar in a sieve,
And Hope without an object cannot live.

Walter Savage Landor

Why, Why Repine

Why, why repine, my pensive friend,
At pleasures slipp'd away?
Some the stern Fates will never lend,
And all refuse to stay.

I see the rainbow in the sky,
The dew upon the grass,
I see them, and I ask not why
They glimmer or they pass.

With folded arms I linger not

To call them back; 'twere vain;
In this, or in some other spot,
I know they'll shine again.

On His Seventy-fifth Birthday

I strove with none; for none was worth my strife.
Nature I loved and, next to Nature, Art;
I warmed both hands before the fire of life;
It sinks, and I am ready to depart.

Thomas Campbell

Song

Oh, how hard it is to find
The one just suited to our mind;
And if that one should be
False, unkind, or found too late,
What can we do but sigh at fate,
And sing, Woe's me — Woe's me!

Love's a boundless burning waste,

Where Bliss's stream we seldom taste,
And still more seldom flee
Suspense's thorns, Suspicion's stings;
Yet somehow Love a something brings
That's sweet — e'en when we sigh, "Woe's me!"

Jane Taylor

The Star

Twinkle, twinkle, little star,
How I wonder what you are !
Up above the world so high,
Like a diamond in the sky.

When the blazing sun is gone,
When he nothing shines upon,
Then you show your little light,
Twinkle, twinkle, all the night.

Then the trav'ller in the dark,
Thanks you for your tiny spark,
He could not see which way to go,
If you did not twinkle so.

In the dark blue sky you keep,
And often thro' my curtains peep,
For you never shut your eye,
Till the sun is in the sky.

'Tis your bright and tiny spark,
Lights the trav'ller in the dark:
Tho' I know not what you are,
Twinkle, twinkle, little star.

Leigh Hunt

Jenny Kiss'd Me

Jenny kiss'd me when we met,
Jumping from the chair she sat in;
Time, you thief, who love to get
Sweets into your list, put that in!
Say I'm weary, say I'm sad,
Say that health and wealth have miss'd me,
Say I'm growing old, but add,
Jenny kiss'd me.

Abou Ben Adhem

Abou Ben Adhem (may his tribe increase!)
Awoke one night from a deep dream of peace,
And saw, within the moonlight in his room,
Making it rich, and like a lily in bloom,
An angel writing in a book of gold: —
Exceeding peace had made Ben Adhem bold,
And to the presence in the room he said,
"What writest thou?" — The vision raised its head,
And with a look made of all sweet accord,
Answered, "The names of those who love the Lord."
"And is mine one?" asked Abou. "Nay, not so,"
Replied the angel. Abou spoke more low,
But cheerly still; and said, "I pray thee, then,
Write me as one that loves his fellow men."
The angel wrote, and vanished. The next night
It came again with a great wakening light,
And showed the names whom love of God had blest,
And lo! Ben Adhem's name led all the rest.

George Gordon Byron

So We'll Go No More a-Roving

So, we'll go no more a-roving
So late into the night,
Though the heart be still as loving,
And the moon be still as bright.

For the sword outwears its sheath,
And the soul wears out the breast,
And the heart must pause to breathe,
And love itself have rest.

Though the night was made for loving,
And the day returns too soon,
Yet we'll go no more a-roving
By the light of the moon.

She Walks in Beauty

She walks in beauty, like the night
Of cloudless climes and starry skies;
And all that's best of dark and bright
Meet in her aspect and her eyes;

Thus mellowed to that tender light
Which heaven to gaudy day denies.

One shade the more, one ray the less,
Had half impaired the nameless grace
Which waves in every raven tress,
Or softly lightens o'er her face;
Where thoughts serenely sweet express,
How pure, how dear their dwelling place.

And on that cheek, and o'er that brow,
So soft, so calm, yet eloquent,
The smiles that win, the tints that glow,
But tell of days in goodness spent,
A mind at peace with all below,
A heart whose love is innocent!

Epitaph to a Dog

Near this Spot
are deposited the Remains of one
Who possessed Beauty without Vanity,
Strength without Insolence,
Courage without Ferocity,
And all the virtues of Man without his Vices.
This praise, which would be unmeaning Flattery

If inscribed over human Ashes,
Is but a just tribute to the Memory of
Boatswain, a Dog,
who was born in Newfoundland May 1803
and died at Newstead, Nov. 18th, 1808.

By The Rivers of Babylon We Sat Down and Wept

We sate down and wept by the waters
Of Babel, and thought of the day
When our foe, in the hue of his slaughters,
Made Salem's high places his prey;
And Ye, oh her desolate daughters!
Were scattered all weeping away.

While sadly we gazed on the river
Which rolled on in freedom below,
They demanded the song; but, oh never
That triumph the Stranger shall know!
May this right hand be withered for ever,
Ere it string our high harp for the foe!

On the willow that harp is suspended,
Oh Salem! its sound should be free;
And the hour when thy glories were ended
But left me that token of thee:

And ne'er shall its soft tones be blended
With the voice of the Spoiler by me!

Jan. 15, 1813.

Sonnet on Chillon

Eternal Spirit of the chainless Mind!
Brightest in dungeons, Liberty! thou art,
For there thy habitation is the heart —
The heart which love of thee alone can bind;
And when thy sons to fetters are consigned —
To fetters, and the damp vault's dayless gloom,
Their country conquers with their martyrdom,
And Freedom's fame finds wings on every wind.
Chillon! thy prison is a holy place,
And thy sad floor an altar — for 'twas trod,
Until his very steps have left a trace
Worn, as if thy cold pavement were a sod,
By Bonnivard! May none those marks efface!
For they appeal from tyranny to God.

Percy Bysshe Shelley

Love's Philosophy

The fountains mingle with the river
And the rivers with the ocean,
The winds of heaven mix for ever
With a sweet emotion;
Nothing in the world is single;
All things by a law divine
In one spirit meet and mingle.
Why not I with thine? —

See the mountains kiss high Heaven
And the waves clasp one another;
No sister-flower would be forgiven
If it disdained its brother;
And the sunlight clasps the earth
And the moonbeams kiss the sea:
What is all this sweet work worth
If thou kiss not me?

The Flower that Smiles To-day

The flower that smiles to-day
To-morrow dies;
All that we wish to stay
Tempts and then flies.
What is this world's delight?
Lightning that mocks the night,
Brief even as bright.

Virtue, how frail it is!
Friendship how rare!
Love, how it sells poor bliss
For proud despair!
But we, though soon they fall,
Survive their joy, and all
Which ours we call.

Whilst skies are blue and bright,
Whilst flowers are gay,
Whilst eyes that change ere night
Make glad the day;
Whilst yet the calm hours creep,
Dream thou — and from thy sleep
Then wake to weep.

A Lament

O world! O life! O time!
On whose last steps I climb,
Trembling at that where I had stood before;
When will return the glory of your prime?
No more — Oh, never more!

Out of the day and night
A joy has taken flight;
Fresh spring, and summer, and winter hoar,
Move my faint heart with grief, but with delight
No more — Oh, never more!

Thomas Carlyle

Today

So here hath been dawning
Another blue Day:
Think, wilt thou let it
Slip useless away?

Out of Eternity
This new Day is born;
Into Eternity,
At night, will return.

Behold it aforetime
No eye ever did:
So soon it forever
From all eyes is hid.

Here hath been dawning
Another blue Day:
Think, wilt thou let it
Slip useless away?

Henry Wadsworth Longfellow

A Fragment

Awake! arise! the hour is late!
Angels are knocking at thy door!
They are in haste and cannot wait,
And once departed come no more.

Awake! arise! the athlete's arm
Loses its strength by too much rest;
The fallow land, the untilled farm
Produces only weeds at best.

Loss and Gain

When I compare
What I have lost with what I have gained,
What I have missed with what attained,
Little room do I find for pride.

I am aware
How many days have been idly spent;
How like an arrow the good intent
Has fallen short or been turned aside.

But who shall dare
To measure loss and gain in this wise?
Defeat may be victory in disguise;
The lowest ebb is the turn of the tide.

Serenade

Stars of the summer night!
Far in yon azure deeps,
Hide, hide your golden light!
She sleeps!
My lady sleeps!
Sleeps!

Moon of the summer night!
Far down yon western steeps,
Sink, sink in silver light!
She sleeps!
My lady sleeps!
Sleeps!

Wind of the summer night!
Where yonder woodbine creeps,
Fold, fold thy pinions light!
She sleeps!

My lady sleeps!
Sleeps!

Dreams of the summer night!
Tell her, her lover keeps
Watch! While in slumbers light
She sleeps!
My lady sleeps!
Sleeps!

It is not Always May

No hay pájaros en los nidos de antaño. — Spanish proverb

The sun is bright, the air is clear,
The darting swallows soar and sing,
And from the stately elms I hear
The blue-bird prophesying Spring.

So blue yon winding river flows,
It seems an outlet from the sky,
Where waiting till the west wind blows,
The freighted clouds at anchor lie.

All things are new; the buds, the leaves,
That gild the elm-tree's nodding crest,
And even the nest beneath the eaves;

There are no birds in last year's nest!

All things rejoice in youth and love,
The fulness of their first delight!
And learn from the soft heavens above
The melting tenderness of night.

Maiden, that read'st this simple rhyme,
Enjoy thy youth, it will not stay;
Enjoy the fragrance of thy prime,
For O, it is not always May!

Enjoy the Spring of Love and Youth,
To some good angel leave the rest;
For Time will teach thee soon the truth,
There are no birds in last year's nest!

The Rainy Day

The day is cold, and dark, and dreary;
It rains, and the wind is never weary;
The vine still clings to the mouldering wall,
But at every gust the dead leaves fall,
And the day is dark and dreary.

My life is cold, and dark, and dreary;

It rains, and the wind is never weary;
My thoughts still cling to the mouldering Past,
But the hopes of youth fall thick in the blast,
And the days are dark and dreary.

Be still, sad heart! and cease repining;
Behind the clouds is the sun still shining;
Thy fate is the common fate of all,
Into each life some rain must fall,
Some days must be dark and dreary.

A Psalm of Life

What the Heart of the Young Man Said to the Psalmist.

Tell me not, in mournful numbers,
Life is but an empty dream!
For the soul is dead that slumbers,
And things are not what they seem.

Life is real! Life is earnest!
And the grave is not its goal;
Dust thou art, to dust returnest,
Was not spoken of the soul.

Not enjoyment, and not sorrow,
Is our destined end or way;

But to act, that each to-morrow
Find us farther than to-day.

Art is long, and Time is fleeting,
And our hearts, though stout and brave,
Still, like muffled drums, are beating
Funeral marches to the grave.

In the world's broad field of battle,
In the bivouac of Life,
Be not like dumb, driven cattle!
Be a hero in the strife!

Trust no Future, howe'er pleasant!
Let the dead Past bury its dead!
Act, — act in the living Present!
Heart within, and God o'erhead!

Lives of great men all remind us
We can make our lives sublime,
And, departing, leave behind us
Footprints on the sands of time;

Footprints, that perhaps another,
Sailing o'er life's solemn main,
A forlorn and shipwrecked brother,
Seeing, shall take heart again.

Let us, then, be up and doing,
With a heart for any fate;
Still achieving, still pursuing,
Learn to labor and to wait.

The Day is Done

The day is done, and the darkness
Falls from the wings of Night,
As a feather is wafted downward
From an eagle in his flight.

I see the lights of the village
Gleam through the rain and the mist,
And a feeling of sadness comes o'er me
That my soul cannot resist:

A feeling of sadness and longing,
That is not akin to pain,
And resembles sorrow only
As the mist resembles the rain.

Come, read to me some poem,
Some simple and heartfelt lay,
That shall soothe this restless feeling,

And banish the thoughts of day.

Not from the grand old masters,
Not from the bards sublime,
Whose distant footsteps echo
Through the corridors of Time.

For, like strains of martial music,
Their mighty thoughts suggest
Life's endless toil and endeavor;
And to-night I long for rest.

Read from some humbler poet,
Whose songs gushed from his heart,
As showers from the clouds of summer,
Or tears from the eyelids start;

Who, through long days of labor,
And nights devoid of ease,
Still heard in his soul the music
Of wonderful melodies.

Such songs have power to quiet
The restless pulse of care,
And come like the benediction
That follows after prayer.

Then read from the treasured volume
The poem of thy choice,
And lend to the rhyme of the poet
The beauty of thy voice.

And the night shall be filled with music,
And the cares, that infest the day,
Shall fold their tents, like the Arabs,
And as silently steal away.

Edgar Allan Poe

To Helen

Helen, thy beauty is to me
Like those Nicéan barks of yore,
That gently, o'er a perfumed sea,
The weary, way-worn wanderer bore
To his own native shore.

On desperate seas long wont to roam,
Thy hyacinth hair, thy classic face,
Thy Naiad airs have brought me home
To the glory that was Greece,

And the grandeur that was Rome.

Lo! in yon brilliant window-niche
How statue-like I see thee stand,
The agate lamp within thy hand!
Ah, Psyche, from the regions which
Are Holy-Land!

Eldorado

Gaily bedight,
A gallant knight,
In sunshine and in shadow,
Had journeyed long,
Singing a song,
In search of Eldorado.

But he grew old —
This knight so bold —
And o'er his heart a shadow —
Fell as he found
No spot of ground
That looked like Eldorado.

And, as his strength
Failed him at length,

He met a pilgrim shadow —
"Shadow," said he,
"Where can it be —
This land of Eldorado?"

"Over the Mountains
Of the Moon,
Down the Valley of the Shadow,
Ride, boldly ride,"
The shade replied, —
"If you seek for Eldorado!"

Edward Fitzgerald

The Rubaiyat of Omar Khayyam

XI
Here with a loaf of bread beneath the bough.
a flask of wine, a book of verse-and thou
beside me singing in the wilderness
and wilderness is paradise enow.

XX.
Ah! my Beloved, fill the cup that clears
Today of past Regrets and future Fears-
Tomorrow? — Why, Tomorrow I may be
Myself with Yesterday's Sev'n Thousand Years.

XXIII
Ah, make the most of what we yet may spend.
before we too into the dust descend;
dust into dust, and under dust, to lie,
sans wine, sans song, sans singer, and-sans End!

XXIV.
Alike for those who for TODAY prepare,
And those that after a TOMORROW stare,
A Muezzin from the Tower of Darkness cries

"Fools! your Reward is neither Here nor There."

XXV.

Why, all the Saints and Sages who discuss'd
Of the Two Worlds so learnedly, are thrust
Like foolish Prophets forth; their Words to Scorn
Are scatter'd, and their Mouths are stopt with Dust.

XXVI.

Oh, come with old Khayyam, and leave the Wise
To talk; one thing is certain, that Life flies;
One thing is certain, and the Rest is Lies;
The Flower that once has blown for ever dies.

XXVII.

Myself when young did eagerly frequent
Doctor and Saint, and heard great Argument
About it and about: but evermore
Came out by the same Door as in I went.

XXVIII.

With them the Seed of Wisdom did I sow,
And with my own hand labour'd it to grow:
And this was all the Harvest that I reap'd —
"I came like Water, and like Wind I go."

Alfred Tennyson

from The Princess: Sweet and Low

Sweet and low, sweet and low,
Wind of the western sea,
Low, low, breathe and blow,
Wind of the western sea!
Over the rolling waters go,
Come from the dying moon, and blow,
Blow him again to me;
While my little one, while my pretty one, sleeps.

Sleep and rest, sleep and rest,
Father will come to thee soon;
Rest, rest, on mother's breast,
Father will come to thee soon;
Father will come to his babe in the nest,
Silver sails all out of the west
Under the silver moon:
Sleep, my little one, sleep, my pretty one, sleep.

Break, Break, Break

Break, break, break,
On thy cold gray stones, O Sea!
And I would that my tongue could utter
The thoughts that arise in me.

O, well for the fisherman's boy,
That he shouts with his sister at play!
O, well for the sailor lad,
That he sings in his boat on the bay!

And the stately ships go on
To their haven under the hill;
But O for the touch of a vanish'd hand,
And the sound of a voice that is still!

Break, break, break
At the foot of thy crags, O Sea!
But the tender grace of a day that is dead
Will never come back to me.

The Oak

Live thy Life,
Young and old,
Like yon oak,
Bright in spring,

Living gold;

Summer-rich
Then; and then
Autumn-changed
Soberer-hued
Gold again.

All his leaves
Fall'n at length,
Look, he stands,
Trunk and bough
Naked strength.

The Eagle

He clasps the crag with crooked hands;
Close to the sun in lonely lands,
Ring'd with the azure world, he stands.

The wrinkled sea beneath him crawls;
He watches from his mountain walls,
And like a thunderbolt he falls.

Ellen Sturgis Hooper

I Slept, and Dreamed that Life was Beauty

I slept, and dreamed that life was Beauty;
I woke, and found that life was Duty.
Was thy dream then a shadowy lie?
Toil on, sad heart, courageously,
And thou shalt find thy dream to be
A noonday light and truth to thee.

Robert Browning

Summum Bonum

All the breath and the bloom of the year in the bag of one bee:
All the wonder and wealth of the mine in the heart of one gem:
In the core of one pearl all the shade and the shine of the sea:
Breath and bloom, shade and shine, — wonder, wealth, and — how far above them —
Truth, that's brighter than gem,
Trust, that's purer than pearl, —
Brightest truth, purest trust in the universe — all were for me
In the kiss of one girl.

Summum Bonum: Lat. the highest good.

Pippa's Song

The year's at the spring,
And day's at the morn;
Morning's at seven;
The hill-side's dew-pearl'd;
The lark's on the wing;
The snail's on the thorn;
God's in His heaven,
All's right with the world!

Charlotte Bronte

Life

Life, believe, is not a dream
So dark as sages say;
Oft a little morning rain
Foretells a pleasant day.
Sometimes there are clouds of gloom,
But these are transient all;
If the shower will make the roses bloom,
O why lament its fall?

Rapidly, merrily,
Life's sunny hours flit by,
Gratefully, cheerily
Enjoy them as they fly!
What though Death at times steps in,
And calls our Best away?
What though sorrow seems to win,
O'er hope, a heavy sway?
Yet Hope again elastic springs,
Unconquered, though she fell;
Still buoyant are her golden wings,
Still strong to bear us well.
Manfully, fearlessly,
The day of trial bear,
For gloriously, victoriously,
Can courage quell despair!

Henry David Thoreau

My Life has been the Poem I would have Writ

My life has been the poem I would have writ,
But I could not both live and utter it.

True Kindness is a Pure Divine Affinity

True kindness is a pure divine affinity,
Not founded upon human consanguinity.
It is a spirit, not a blood relation,
Superior to family and station.

Emily Bronte

Fall, Leaves, Fall

Fall, leaves, fall; die, flowers, away;
Lengthen night and shorten day;
Every leaf speaks bliss to me
Fluttering from the autumn tree.
I shall smile when wreaths of snow
Blossom where the rose should grow;
I shall sing when night's decay
Ushers in a drearier day.

The Night is Darkening round Me

The night is darkening round me,

The wild winds coldly blow;
But a tyrant spell has bound me,
And I cannot, cannot go.

The giant trees are bending
Their bare boughs weighed with snow;
The storm is fast descending,
And yet I cannot go.

Clouds beyond clouds above me,
Wastes beyond wastes below;
But nothing drear can move me;
I will not, cannot go.

Retirement

O let me be alone awhile!
No human form is nigh;
And I may sing and muse aloud,
No mortal ear is by.

Away! ye dreams of earthly bliss,
Ye earthly cares begone!
Depart! ye restless, wandering thoughts,
And let me be alone!

One hour, my spirit, stretch thy wings
And quit this joyless sod;
Bask in the sunshine of the sky,
And be alone with God!

All Day I've Toiled, but not with Pain

All day I've toiled, but not with pain,
In learning's golden wine;
And now at eventide again
The moonbeams softly shine.

There is no snow upon the ground,
No frost on wind or wave;
The south wind blew with gentlest sound
And broke their icy grave.

'Tis sweet to wander here at night,
To watch the winter die,
With heart as summer sunshine light
And warm as summer sky.

O may I never lose the peace
That lulls me gently now,
Though time should change my youthful face,
And years should shade my brow!

True to myself, and true to all,
May I be healthful still,
And turn away from passion's call,
And curb my own wild will.

No Coward Soul is Mine

No coward soul is mine,
No trembler in the world's storm-troubled sphere:
I see Heaven's glories shine,
And faith shines equal, arming me from fear.

O God within my breast,
Almighty, ever-present Deity!
Life — that in me has rest,
As I — undying Life — have power in Thee!

Vain are the thousand creeds
That move men's hearts: unutterably vain;
Worthless as withered weeds,
Or idle froth amid the boundless main,

To waken doubt in one
Holding so fast by Thine infinity;
So surely anchored on
The stedfast rock of immortality.

With wide-embracing love
Thy spirit animates eternal years,
Pervades and broods above,
Changes, sustains, dissolves, creates, and rears.

Though earth and man were gone,
And suns and universes ceased to be,
And Thou were left alone,
Every existence would exist in Thee.

There is not room for Death,
Nor atom that his might could render void:
Thou — Thou art Being and Breath,
And what Thou art may never be destroyed.

Sympathy

There should be no despair for you
While nightly stars are burning,
While evening pours its silent dew,
And sunshine gilds the morning.
There should be no despair — though tears
May flow down like a river:
Are not the best beloved of years
Around your heart for ever?

They weep, you weep, it must be so;
Winds sigh as you are sighing,
And winter sheds its grief in snow
Where Autumn's leaves are lying:
Yet, these revive, and from their fate
Your fate cannot be parted:
Then, journey on, if not elate,
Still never broken-hearted!

The Old Stoic

Riches I hold in light esteem,
And Love I laugh to scorn;
And lust of fame was but a dream,
That vanished with the morn;

And if I pray, the only prayer
That moves my lips for me
Is, "Leave the heart that now I bear,
And give me liberty!"

Yes, as my swift days near their goal,
'Tis all that I implore;
In life and death a chainless soul,
With courage to endure.

Arthur Hugh Clough

Say Not the Struggle Naught Availeth

Say not the struggle naught availeth,
The labour and the wounds are vain,
The enemy faints not, nor faileth,
And as things have been they remain.

If hopes were dupes, fears may be liars;
It may be, in yon smoke concealed,
Your comrades chase e'en now the fliers,
And, but for you, possess the field.

For while the tired waves, vainly breaking,
Seem here no painful inch to gain,
Far back, through creeks and inlets making,
Comes silent, flooding in, the main.

And not by eastern windows only,
When daylight comes, comes in the light;
In front the sun climbs slow, how slowly,
But westward, look, the land is bright.

Walt Whitman

O Captain! My Captain!

O Captain! my Captain! our fearful trip is done,
The ship has weather'd every rack, the prize we sought is won;
The port is near, the bells I hear, the people all exulting,
While follow eyes the steady keel, the vessel grim and daring;
But O heart! heart! heart!
O the bleeding drops of red,
Where on the deck my Captain lies,
Fallen cold and dead.

O Captain! my Captain! rise up and hear the bells;
Rise up — for you the flag is flung — for you the bugle trills;
For you bouquets and ribbon'd wreaths — for you the shores a-crowding;
For you they call, the swaying mass, their eager faces turning;
Here Captain! dear father!
The arm beneath your head!
It is some dream that on the deck,
You've fallen cold and dead.

My Captain does not answer, his lips are pale and still;
My father does not feel my arm, he has no pulse nor will;

The ship is anchor'd safe and sound, its voyage closed and done;
From fearful trip, the victor ship comes in with object won;
Exult, O shores, and ring, O bells!
But I, with mournful tread,
Walk the deck my Captain lies,
Fallen cold and dead.

Me Imperturbe

Me imperturbe, standing at ease in Nature,
Master of all or mistress of all, aplomb in the midst of irrational things,
Imbued as they, passive, receptive, silent as they,
Finding my occupation, poverty, notoriety, foibles, crimes, less important than I thought,
Me toward the Mexican sea, or in the Mannahatta or the Tennessee, or far north or inland,
A river man, or a man of the woods or of any farm-life of these States or of the coast, or the lakes or Kanada,
Me wherever my life is lived, O to be self-balanced for contingencies,
To confront night, storms, hunger, ridicule, accidents, rebuffs, as the trees and animals do.

One's-Self I Sing

One's-Self I sing, a simple separate person,
Yet utter the word Democratic, the word En-Masse.

Of physiology from top to toe I sing,
Not physiognomy alone nor brain alone is worthy for the Muse,
I say the Form complete is worthier far,
The Female equally with the Male I sing.

Of Life immense in passion, pulse, and power,
Cheerful, for freest action form'd under the laws divine,
The Modern Man I sing.

Song of Myself 1

I celebrate myself, and sing myself,
And what I assume you shall assume,
For every atom belonging to me as good belongs to you.

I loafe and invite my soul,
I lean and loafe at my ease observing a spear of summer grass.

My tongue, every atom of my blood, form'd from this soil, this air,
Born here of parents born here from parents the same, and their parents the same,
I, now thirty-seven years old in perfect health begin,
Hoping to cease not till death.

Creeds and schools in abeyance,
Retiring back a while sufficed at what they are, but never forgotten,
I harbor for good or bad, I permit to speak at every hazard,
Nature without check with original energy.

George MacDonald

The Shortest and Sweetest of Songs

Come
Home.

Parting

Thou goest thine, and I go mine —
Many ways we wend;
Many days, and many ways,
Ending in one end.

Many a wrong, and its curing song;
Many a road, and many an inn;
Room to roam, but only one home
For all the world to win.

Up and Down

The sun is gone down,
And the moon's in the sky;
But the sun will come up,
And the moon be laid by.

The flower is asleep,
But it is not dead;
When the morning shines,
It will lift its head.

When winter comes,
It will die — no, no;
It will only hide
From the frost and snow.

Sure is the summer,
Sure is the sun;
The night and the winter —
Away they run!

Emilly Dickinson

A Book

There is no frigate like a book
To take us lands away
Nor any coursers like a page
Of prancing poetry.
This traverse may the poorest take
Without oppress of toll;
How frugal is the chariot
That bears a human soul!

A Word

A word is dead
When it is said,
Some say.
I say it just
Begins to live
That day.

I'm Nobody! Who are You?

I'm nobody! Who are you?
Are you Nobody, too?
Then there's a pair of us — don't tell!
They'd banish us, you know.

How dreary to be somebody!
How public, like a frog
To tell your name the livelong day
To an admiring bog!

Fame is a Bee

Fame is a bee.
It has a song —
It has a sting —
Ah, too, it has a wing.

Much Madness is Divinest Sense

Much madness is divinest sense
To a discerning eye;

Much sense the starkest madness.
'Tis the Majority
In this, as all, prevails.
Assent, and you are sane;
Demur, — you're straightway dangerous,
And handled with a chain.

To Make a Prairie

To make a prairie it takes a clover and one bee, —
One clover, and a bee,
And revery.
The revery alone will do
If bees are few.

Love

Love is anterior to life,
Posterior to death,
Initial of creation, and
The exponent of breath.

If I Can Stop One Heart from Breaking

If I can stop one heart from breaking,
I shall not live in vain;
If I can ease one life the aching,
Or cool one pain,
Or help one fainting robin
Unto his nest again,
I shall not live in vain.

Ellen Maria Huntington Gates

Salvage

Now from the wreckage I arise
And free my eyes from brine,
And search the shore that near me lies
For stores that still are mine.
The seas that sucked the vessels down,
With all their shining freight,
I still defy. They shall not drown
My soul's untouched estate!

Sleep Sweet

Sleep sweet within this quiet room
O thou! whoe'er thou art;
And let no mournful yesterday,
Disturb thy peaceful heart.
Nor let tomorrow scare thy rest,
With dreams of coming ill;
Thy Maker is thy changeless Friend,
His love surrounds thee still.
Forget thyself and all the world;
Put out each feverish light;
The stars are watching overhead;
Sleep sweet, — good night! good night!

To-morrow

To-morrow, to-morrow, you insolent shadow,
You torture and tease me and strike at my soul;
But I shall go forward and leave you behind me,
A ghost unremembered when I'm at the goal.

Sincerity

Come out into the open
And say the thing you mean;
Let honest words be spoken

Our sacred souls between;
The truth again may win you,
Your fingers take the prize;
The spark of God within you
Leap outward from your eyes.

Joaquin Miller

In Men Whom Men Condemn as Ill

In men whom men condemn as ill
I find so much of goodness still,
In men whom men pronounce divine
I find so much of sin and blot,
I do not dare to draw a line
Between the two, where God has not.

William Ernest Henley

Invictus

Out of the night that covers me,
Black as the pit from pole to pole,
I thank whatever gods may be
For my unconquerable soul.

In the fell clutch of circumstance
I have not winced nor cried aloud.
Under the bludgeonings of chance
My head is bloody, but unbowed.

Beyond this place of wrath and tears
Looms but the Horror of the shade,
And yet the menace of the years
Finds and shall find me unafraid.

It matters not how strait the gate,
How charged with punishments the scroll,
I am the master of my fate,
I am the captain of my soul.

Ella Wheeler Wilcox

The World's Need

So many gods, so many creeds,
So many paths that wind and wind,
While just the art of being kind
Is all the sad world needs.

The Winds of Fate

One ship drives east and another drives west,
With the self-same winds that blow,
'Tis the set of the sails
And not the gales
That tells them the way to go.

Like the winds of the sea are the ways of fate,
As we voyage along through life,
'Tis the set of the soul
That decides its goal
And not the calm or the strife.

The Tides

Be careful what rubbish you toss in the tide.
On outgoing billows it drifts from your sight,
But back on the incoming waves it may ride
And land at your threshold again before night.
Be careful what rubbish you toss in the tide.

Be careful what follies you toss in life's sea.
On bright dancing billows they drift far away,
But back on the Nemesis tides they may be
Thrown down at your threshold an unwelcome day.
Be careful what follies you toss in youth's sea.

The Earth

The earth is yours and mine,
Our God's bequest.
That testament divine
Who dare contest?

Usurpers of the earth,
We claim our share.
We are of royal birth.
Beware! beware!

Unloose the hand of greed
From God's fair land,
We claim but what we need —
That, we demand.

When the Regiment Came Back

All the uniforms were blue, all the swords were bright and new,
When the regiment went marching down the street,
All the men were hale and strong as they proudly moved along,
Through the cheers that drowned the music of their feet.
Oh the music of the feet keeping time to drums that beat,
Oh the splendour and the glitter of the sight,
As with swords and rifles new and in uniforms of blue
The regiment went marching to the fight!

When the regiment came back all the guns and swords were black
And the uniforms had faded out to gray,
And the faces of the men who marched through that street again
Seemed like faces of the dead who lose their way.
For the dead who lose their way cannot look more wan and gray.
Oh the sorrow and the pity of the sight,
Oh the weary lagging feet out of step with drums that beat,
As the regiment comes marching from the fight.

Which Are You?

There are two kinds of people on earth to-day;
Just two kinds of people, no more, I say.

Not the sinner and saint, for it's well understood
The good are half bad, and the bad are half good.

Not the rich and the poor, for to rate a man's wealth
You must first know the state of his conscience and health.

Not the humble and proud, for, in life's little span,
Who puts on vain airs is not counted a man.

Not the happy and sad, for the swift flying years
Bring each man his laughter, and each man his tears.

No; the two kinds of people on earth I mean
Are the people who lift, and the people who lean.

Wherever you go, you will find the earth's masses
Are always divided in just these two classes.

And, oddly enough, you will find too, I ween,
There's only one lifter to twenty who lean.

In which class are you? Are you easing the load
Of overtaxed lifters, who toil down the road?

Or are you a leaner, who lets others share
Your portion of labor and worry and care?

Worth While

It is easy enough to be pleasant
When life flows by like a song,
But the man worth while is the one who will smile
When everything goes dead wrong.
For the test of the heart is trouble,
And it always comes with the years,
And the smile that is worth the praises of earth
Is the smile that shines through tears.

It is easy enough to be prudent
When nothing tempts you to stray,
When without or within no voice of sin
Is luring your soul away;
But it's only a negative virtue
Until it is tried by fire,
And the life that is worth the honor on earth
Is the one that resists desire.

By the cynic, the sad, the fallen,

Who had no strength for the strife,
The world's highway is cumbered to-day —
They make up the sum of life;
But the virtue that conquers passion,
And the sorrow that hides in a smile —
It is these that are worth the homage on earth,
For we find them but once in a while.

Repetition

Over and over and over
These truths I will weave in song —
That God's great plan needs you and me,
That will is greater than destiny,
And that love moves the world along.

However mankind may doubt it,
It shall listen and hear my creed —
That God may ever be found within,
That the worship of self is the only sin,
And the only devil is greed.

Over and over and over
These truths I will say and sing,
That love is mightier far than hate,
That a man's own thought is a man's own fate,
And that life is a goodly thing.

Henry Van Dyke

A Home Song

I read within a poet's book
A word that starred the page:
"Stone walls do not a prison make,
Nor iron bars a cage!"

Yes, that is true, and something more:
You'll find, where'er you roam,
That marble floors and gilded walls
Can never make a home.

But every house where Love abides,
And Friendship is a guest,
Is surely home, and home-sweet-home:
For there the heart can rest.

Life

Let me but live my life from year to year,
With forward face and unreluctant soul;
Not hurrying to, nor turning from, the goal;
Not mourning for the things that disappear

In the dim past, nor holding back in fear
From what the future veils; but with a whole
And happy heart, that pays its toll
To Youth and Age, and travels on with cheer.

So let the way wind up the hill or down,
O'er rough or smooth, the journey will be joy:
Still seeking what I sought when but a boy,
New friendship, high adventure, and a crown,
My heart will keep the courage of the quest,
And hope the road's last turn will be the best.

Time is

Time is
Too Slow for those who Wait,
Too Swift for those who Fear,
Too Long for those who Grieve,
Too Short for those who Rejoice;
But for those who Love,
Time is not.

Edwin Markham

Outwitted

He drew a circle that shut me out —
Heretic, rebel, a thing to flout.
But Love and I had the wit to win:
We drew a circle that took him in!

Sing a While Longer

Has the bright sun set,
Has the gale grown stronger?
Still we'll not grieve yet:
We will sing a while longer!

Has our youth been met
By Time the wronger?
Let us not grieve yet,
Let us sing a while longer!

Is the world beset,
Do the sorrows throng her?
Let us not grieve yet:
Let us sing a while longer!

The Right Kind of People

Gone is the city, gone the day,
Yet still the story and the meaning stay:
Once where a prophet in the palm shade basked
A traveler chanced at noon to rest his miles.
"What sort of people may they be," he asked,
"In this proud city on the plains o'erspread?"
"Well, friend, what sort of people whence you came?"
"What sort?" the packman scowled; "why, knaves and fools."
"You'll find the people here the same," the wise man said.

Another stranger in the dusk drew near,
And pausing, cried "What sort of people here
In your bright city where yon towers arise?"
"Well, friend, what sort of people whence you came?"
"What sort?" the pilgrim smiled,
"Good, true and wise."
"You'll find the people here the same,"
The wise man said.

Theodore Roosevelt

The Man in the Arena

"It is not the critic who counts; not the man who points out how the strong man stumbles, or where the doer of deeds could have done them better. The credit belongs to the man who is actually in the arena, whose face is marred by dust and sweat and blood; who strives valiantly; who errs, who comes short again and again, because there is no effort without error and shortcoming; but who does actually strive to do the deeds; who knows great enthusiasms, the great devotions; who spends himself in a worthy cause; who at the best knows in the end the triumph of high achievement, and who at the worst, if he fails, at least fails while daring greatly, so that his place shall never be with those cold and timid souls who neither know victory nor defeat. Shame on the man of cultivated taste who permits refinement to develop into fastidiousness that unfits him for doing the rough work of a workaday world."

Alfred Edward Housman

When I was One-and-Twenty

When I was one-and-twenty
I heard a wise man say,
"Give crowns and pounds and guineas
But not your heart away;
Give pearls away and rubies
But keep your fancy free."
But I was one-and-twenty,
No use to talk to me.

When I was one-and-twenty
I heard him say again,
"The heart out of the bosom
Was never given in vain;
'Tis paid with sighs a plenty
And sold for endless rue."
And I am two-and-twenty,
And oh, 'tis true, 'tis true.

Hamlin Garland

The Mountains are a Lonely Folk

The mountains they are silent folk;
They stand afar - alone,
And the clouds that kiss their brows at night
Hear neither sigh nor groan.
Each bears him in his ordered place
As soldiers do, and bold and high
They fold their forests round their feet
And bolster up the sky.

Do You Fear the Wind?

Do you fear the force of the wind,
The slash of the rain?
Go face them and fight them,
Be savage again.
Go hungry and cold like the wolf,
Go wade like the crane:
The palms of your hands will thicken,
The skin of your cheek will tan,
You'll grow ragged and weary and swarthy,
But you'll walk like a man!

Richard Hovey

The Sea Gypsy

I am fevered with the sunset,
I am fretful with the bay,
For the wander-thirst is on me
And my soul is in Cathay.

There's a schooner in the offing,
With her topsails shot with fire,
And my heart has gone aboard her
For the Islands of Desire.

I must forth again to-morrow!
With the sunset I must be
Hull down on the trail of rapture
In the wonder of the sea.

Philosophy

I sometimes long to throw my books away
And to forget the thoughts that make me sad —
The mighty musings that have ever clad

The minds of men in chill and sombre grey.
I sometimes long to laugh out and be gay
As some blithe, thoughtless, merry-hearted lad
Or wander in the forest and be glad
Without a memory of a heavier day;
Yet when I try to turn myself apart
From all the deeper mysteries of Life
In nature-love and hate of human strife,
Still the same thoughts throng through my throbbing brain
And I arise in heaviness of heart
And turn me to my studying again.

At the Crossroads

You to the left and I to the right,
For the ways of men must sever —
And it well may be for a day and a night,
And it well may be forever.
But whether we meet or whether we part
(For our ways are past our knowing),
A pledge from the heart to its fellow heart
On the ways we all are going!
Here's luck!
For we know not where we are going.

We have striven fair in love and war,

But the wheel was always weighted;
We have lost the prize that we struggled for,
We have won the prize that was fated.
We have met our loss with a smile and a song,
And our gains with a wink and a whistle, —
For, whether we're right or whether we're wrong,
There's a rose for every thistle.
Here's luck!
And a drop to wet your whistle!

Whether we win or whether we lose
With the hands that life is dealing,
It is not we nor the ways we choose
But the fall of the cards that's sealing.
There's a fate in love and a fate in fight,
And the best of us all go under —
And whether we're wrong or whether we're right,
We win, sometimes, to our wonder.
Here's luck!
That we may not yet go under!

With a steady swing and an open brow
We have tramped the ways together,
But we're clasping hands at the crossroads now
In the Fiend's own night for weather;
And whether we bleed or whether we smile
In the leagues that lie before us

The ways of life are many a mile
And the dark of Fate is o'er us.
Here's luck!
And a cheer for the dark before us!

You to the left and I to the right,
For the ways of men must sever,
And it well may be for a day and a night,
And it well may be forever!
But whether we live or whether we die
(For the end is past our knowing),
Here's two frank hearts and the open sky,
Be a fair or an ill wind blowing!
Here's luck!
In the teeth of all winds blowing.

Rudyard Kipling

If

If you can keep your head when all about you
Are losing theirs and blaming it on you;
If you can trust yourself when all men doubt you,
But make allowance for their doubting too;
If you can wait and not be tired by waiting,
Or, being lied about, don't deal in lies,
Or, being hated, don't give way to hating,
And yet don't look too good, nor talk too wise:

If you can dream — and not make dreams your master;
If you can think — and not make thoughts your aim;
If you can meet with triumph and disaster
And treat those two impostors just the same;
If you can bear to hear the truth you've spoken
Twisted by knaves to make a trap for fools,
Or watch the things you gave your life to broken,
And stoop and build 'em up with wornout tools;

If you can make one heap of all your winnings
And risk it on one turn of pitch-and-toss,
And lose, and start again at your beginnings
And never breathe a word about your loss;

If you can force your heart and nerve and sinew
To serve your turn long after they are gone,
And so hold on when there is nothing in you
Except the Will which says to them: "Hold on";

If you can talk with crowds and keep your virtue,
Or walk with Kings — nor lose the common touch;
If neither foes nor loving friends can hurt you;
If all men count with you, but none too much;
If you can fill the unforgiving minute
With sixty seconds' worth of distance run —
Yours is the Earth and everything that's in it,
And — which is more — you'll be a Man, my son!

William Butler Yeats

Down by the Salley Gardens

Down by the salley gardens my love and I did meet;
She passed the salley gardens with little snow-white feet.
She bid me take love easy, as the leaves grow on the tree;
But I, being young and foolish, with her would not agree.

In a field by the river my love and I did stand,
And on my leaning shoulder she laid her snow-white hand.
She bid me take life easy, as the grass grows on the weirs;
But I was young and foolish, and now am full of tears.

The Young Man's Song

I whispered, "I am too young,"
And then, "I am old enough";
Wherefore I threw a penny
To find out if I might love.
"Go and love, go and love, young man,
If the lady be young and fair,"
Ah, penny, brown penny, brown penny,
I am looped in the loops of her hair.

Oh, love is the crooked thing,
There is nobody wise enough
To find out all that is in it,
For he would be thinking of love
Till the stars had run away,
And the shadows eaten the moon.
Ah, penny, brown penny, brown penny,
One cannot begin it too soon.

The Coming of Wisdom with Time

Though leaves are many, the root is one;
Through all the lying days of my youth
I swayed my leaves and flowers in the sun;
Now I may wither into the truth.

Youth and Age

Much did I rage when young,
Being by the World oppressed,
But now with flattering tongue
It speeds the parting guest.

When You are Old

When you are old and grey and full of sleep,
And nodding by the fire, take down this book,
And slowly read, and dream of the soft look
Your eyes had once, and of their shadows deep;

How many loved your moments of glad grace,
And loved your beauty with love false or true,
But one man loved the pilgrim soul in you,
And loved the sorrows of your changing face;

And bending down beside the glowing bars,
Murmur, a little sadly, how love fled
And paced upon the mountains overhead
And hid his face amid a crowd of stars.

The Great Day

Hurrah for revolution and more cannon-shot!
A beggar upon horseback lashes a beggar on foot.
Hurrah for revolution and cannon come again!
The beggars have changed places, but the lash goes on.

A Drinking Song

Wine comes in at the mouth
And love comes in at the eye;
That's all we shall know for truth
Before we grow old and die.
I lift the glass to my mouth,
I look at you, and I sigh.

He Wishes for the Cloths of Heaven

Had I the heavens' embroidered cloths,
Enwrought with golden and silver light,
The blue and the dim and the dark cloths
Of night and light and the half light,
I would spread the cloths under your feet:
But I, being poor, have only my dreams;
I have spread my dreams under your feet;
Tread softly because you tread on my dreams.

The Lake Isle of Innisfree

I will arise and go now, and go to Innisfree,
And a small cabin build there, of clay and wattles made;

Nine bean-rows will I have there, a hive for the honeybee,
And live alone in the bee-loud glade.

And I shall have some peace there, for peace comes dropping slow,
Dropping from the veils of the morning to where the cricket sings;
There midnight's all a glimmer, and noon a purple glow,
And evening full of the linnet's wings.

I will arise and go now, for always night and day
I hear lake water lapping with low sounds by the shore;
While I stand on the roadway, or on the pavements grey,
I hear it in the deep heart's core.

William Henry Davies

The Example

Here's an example from
A Butterfly;
That on a rough, hard rock
Happy can lie;
Friendless and all alone
On this unsweetened stone.

Now let my bed be hard
No care take I;
I'll make my joy like this
Small Butterfly,
Whose happy heart has power
To make a stone a flower.

My Youth

My youth was my old age,
Weary and long;
It had too many cares
To think of song;
My moulting days all came
When I was young.

Now, in life's prime, my soul
Comes out in flower;
Late, as with Robin, comes
My singing power;
I was not born to joy
Till this late hour.

Leisure

What is this life if, full of care,
We have no time to stand and stare.

No time to stand beneath the boughs,
And stare as long as sheep and cows.

No time to see, when woods we pass,
Where squirrels hide their nuts in grass.

No time to see, in broad daylight,
Streams full of stars, like skies at night.

No time to turn at Beauty's glance,
And watch her feet, how they can dance.

No time to wait till her mouth can
Enrich that smile her eyes began.

A poor life this if, full of care,
We have no time to stand and stare.

Stephen Crane

A Man Said to the Universe

A man said to the universe:
"Sir, I exist!"
"However," replied the universe,
"The fact has not created in me
A sense of obligation."

Should the Wide World Roll Away

Should the wide world roll away
Leaving black terror,
Limitless night,
Nor God, nor man, nor place to stand
Would be to me essential,
If thou and thy white arms were there,
And the fall to doom a long way.

A Man Saw a Ball of Gold in the Sky

A man saw a ball of gold in the sky;
He climbed for it,

And eventually he achieved it —
It was clay.

Now this is the strange part:
When the man went to the earth
And looked again,
Lo, there was the ball of gold.
Now this is the strange part:
It was a ball of gold.
Aye, by the heavens, it was a ball of gold.

Think as I Think

"Think as I think," said a man,
"Or you are abominably wicked;
You are a toad."

And after I had thought of it,
I said, "I will, then, be a toad."

I Saw a Man Pursuing the Horizon

I saw a man pursuing the horizon;
Round and round they sped.
I was disturbed at this;

I accosted the man.
"It is futile," I said,
"You can never — "

"You lie," he cried,
And ran on.

A Learned Man Came to Me Once

A learned man came to me once.
He said: "I know the way, — come."
And I was overjoyed at this.
Together we hastened.
Soon, too soon, were we
Where my eyes were useless,
And I knew not the ways of my feet.
I clung to the hand of my friend;
But at last he cried: "I am lost."

Once There Came a Man

Once there came a man
Who said:
"Range me all men of the world in rows."
And instantly

There was terrific clamor among the people
Against being ranged in rows.
There was a loud quarrel, world-wide.
It endured for ages;
And blood was shed
By those who would not stand in rows,
And by those who pined to stand in rows.
Eventually, the man went to death, weeping.
And those who stayed in the bloody scuffle
Knew not the great simplicity.

Max Ehrmann

Oft in Crowded Mart

To many strains I've touched my lute,
But not as worthy as I should,
For life and time still oft refute
The things for which I once have stood.

Though changed as seem my songs from youth,
A voice within my heart still sings,
"Live thou in tenderness and truth
And love mankind instead of things."

And often in the crowded mart,
'Mid rangling, selfish slaves of men,
This little humming song will start,
And bring me to myself again.

Let Pass

To J. F. R.

Let pass, dear heart, let pass
This pain, this brief distress that grieves thee so —
These unkind words, and doubtful glancing eyes
In which till now had shone but kindly looks;
I say let pass the talk of talkers all.
Not one still star of all the night knows aught
Of their ill words, nor does the growing green
In stilly woods where plays the summer sun,
Nor shall the days that come to thee anon,
Nor shall the gentle rain of summers nigh,
Nor olden paths that sweetly greet thy feet.
Thy soul's deep purposes they do not know;
Or knowing, still they could not understand.
Keep thou yet on the way thou lovest best,
For none of all the world knows it as thou,
And all the precious facts that are thy life.
Therefore, this brief distress that grieves thee so,
Let pass, dear heart, let pass.

"To many strains" might be "Too many strains".
rangling: wrangling

Desiderata

Go placidly amid the noise and the haste, and remember what peace there may be in silence. As far as possible, without surrender, be on good terms with all persons.
Speak your truth quietly and clearly; and listen to others, even to the dull and the ignorant; they too have their story.
Avoid loud and aggressive persons; they are vexatious to the spirit. If you compare yourself with others, you may become vain or bitter, for always there will be greater and lesser persons than yourself.
Enjoy your achievements as well as your plans. Keep interested in your own career, however humble; it is a real possession in the changing fortunes of time.
Exercise caution in your business affairs, for the world is full of trickery. But let this not blind you to what virtue there is; many persons strive for high ideals, and everywhere life is full of heroism.
Be yourself. Especially, do not feign affection. Neither be cynical about love; for in the face of all aridity and disenchantment, it is as perennial as the grass.
Take kindly the counsel of the years, gracefully surrendering the things of youth. Nurture strength of spirit to shield you in sudden misfortune. But do not distress yourself with dark imaginings. Many fears are born of fatigue and loneliness.
Beyond a wholesome discipline, be gentle with yourself. You are a child of the universe no less than the trees and the stars; you have a right to be here.
And whether or not it is clear to you, no doubt the universe is

unfolding as it should. Therefore be at peace with God, whatever you conceive Him to be. And whatever your labors and aspirations, in the noisy confusion of life, keep peace in your soul. With all its sham, drudgery and broken dreams, it is still a beautiful world. Be cheerful. Strive to be happy.

Arthur Chapman

Out Where the West Begins

Out where the handclasp's a little stronger,
Out where the smile dwells a little longer,
That's where the West begins;
Out where the sun is a little brighter,
Where the snows that fall are a trifle whiter,
Where the bonds of home are a wee bit tighter,
That's where the West begins.

Out where the skies are a trifle bluer,
Out where friendship's a little truer,
That's where the West begins;
Out where a fresher breeze is blowing,
Where there's laughter in every streamlet flowing,
Where there's more of reaping and less of sowing,
That's where the West begins.

Desiderata: Lat. things desired.

Out where the world is in the making,
Where fewer hearts in despair are aching,
That's where the West begins;
Where there's more of singing and less of sighing,
Where there's more of giving and less of buying,
And a man makes friends without half trying —
That's where the West begins.

Robert Frost

The Road not Taken

Two roads diverged in a yellow wood,
And sorry I could not travel both
And be one traveler, long I stood
And looked down one as far as I could
To where it bent in the undergrowth;

Then took the other, as just as fair,
And having perhaps the better claim,
Because it was grassy and wanted wear;
Though as for that the passing there
Had worn them really about the same,

And both that morning equally lay
In leaves no step had trodden black.
Oh, I kept the first for another day!
Yet knowing how way leads on to way,
I doubted if I should ever come back.

I shall be telling this with a sigh
Somewhere ages and ages hence:
Two roads diverged in a wood, and I —
I took the one less traveled by,
And that has made all the difference.

Lodged

The rain to the wind said,
"You push and I'll pelt."
They so smote the garden bed
That the flowers actually knelt,
And lay lodged — though not dead.
I know how the flowers felt.

Fire and Ice

Some say the world will end in fire,
Some say in ice.

From what I've tasted of desire
I hold with those who favor fire.
But if it had to perish twice,
I think I know enough of hate
To say that for destruction ice
Is also great
And would suffice.

Stopping by Woods on a Snowy Evening

Whose woods these are I think I know.
His house is in the village though;
He will not see me stopping here
To watch his woods fill up with snow.

My little horse must think it queer
To stop without a farmhouse near
Between the woods and frozen lake
The darkest evening of the year.

He gives his harness bells a shake
To ask if there is some mistake.
The only other sound's the sweep
Of easy wind and downy flake.

The woods are lovely, dark and deep,

But I have promises to keep,
And miles to go before I sleep,
And miles to go before I sleep.

Karle Wilson Baker

Let Me Grow Lovely, Growing Old-

Let me grow lovely, growing old-
So many fine things do:
Laces, and ivory, and gold,
And silks need not be new;
And there is healing in old trees,
Old streets a glamour hold;
Why may not I, as well as these,
Grow lovely, growing old?

Dylan Thomas

Do not Go Gentle into that Good Night

Do not go gentle into that good night,
Old age should burn and rave at close of day;
Rage, rage against the dying of the light.

Though wise men at their end know dark is right,
Because their words had forked no lightning they
Do not go gentle into that good night.

Good men, the last wave by, crying how bright
Their frail deeds might have danced in a green bay,
Rage, rage against the dying of the light.

Wild men who caught and sang the sun in flight,
And learn, too late, they grieved it on its way,
Do not go gentle into that good night.

Grave men, near death, who see with blinding sight
Blind eyes could blaze like meteors and be gay,
Rage, rage against the dying of the light.

And you, my father, there on the sad height,
Curse, bless, me now with your fierce tears, I pray.
Do not go gentle into that good night.
Rage, rage against the dying of the light.

Anonymous

Always Finish

If a task is once begun
Never leave it till it's done.
Be the labor great or small,
Do it well or not at all.

He Who Knows

He who knows not, and knows not that he knows not,
He is a fool — shun him;
He who knows not, and knows that he knows not,
He is simple — teach him;
He who knows, and knows not that he knows,
He is asleep — wake him;
He who knows, and knows that he knows,
He is wise — follow him.

                                        Persian Proverb

The Three Gates

If you are tempted to reveal
A Tale to you someone has told
About another, make it pass,
Before you speak, Three gates of gold.
These narrow gates: First, "Is it true?"
Then, "Is it needful?" In your mind
Give truthful answer. And the next
Is last and narrowest, "Is it kind?"
And if to reach your lips at last
It passes through these gateways three,
Then you may tell the tale, nor fear
What the result of speech may be.

The Arabian

Proposal

"Go ask Papa," the maiden said.
The young man knew Papa was dead;
He knew the life Papa had led;
He understood when the maiden said,
"Go ask Papa."

I Sought My Soul

I sought my soul,
But my soul I could not see.
I sought my God,
But my God eluded me.
I sought my brother,
And I found all three.

Determination

Sir Andrew Barton said,
"I'm hurt, but I'm not slain.
I will lay me down and bleed awhile,
Then rise and fight again."

God and the Soldier

God and the soldier
All men adore
In time of trouble,
And no more;
For when war is over
And all things righted,
God is neglected –
The old soldier slighted.

Oh, England!

Oh, England!
Sick in head and sick in heart,
Sick in whole and every part;
And yet sicker thou art still
For thinking that thou art not ill.

For Want of a Nail

For want of a nail the shoe was lost.
For the want of a shoe the horse was lost.
For the want of a horse the rider was lost.
For the want of a rider the message was lost.
For the want of a message the battle was lost.
For the want of a battle the kingdom was lost.
And all for the want of a horseshoe nail.

The Ages of Man

At ten, a child, at twenty, wild;
At thirty, tame if ever;
At forty, wise, at fifty, rich;
At sixty, good or never.

I Shall not Pass This Way Again

Through this toilsome world, alas!
Once and only once I pass;
If a kindness I may show,
If a good deed I may do
To a suffering fellow man,
Let me do it while I can.
No delay, for it is plain
I shall not pass this way again.

시인 목록

윌리엄 셰익스피어 (William Shakespear, 1564-1616)
토머스 캠피온 (Thomas Campion, 1567-1619)
존 던 (John Donne, 1572-1631)
프랜시스 퀄스 (Francis Quarles, 1592-1644)
헨리 킹 (Henry King, 1592-1669)
토머스 커루 (Thomas Carew, 1595-1639)
알렉산더 포프 (Alexander Pope, 1688-1744)
존 아담스 (John Adams, 1735-1826)
윌리엄 블레이크 (William Blake, 1757-1827)
로버트 번스 (Robert Burns, 1759-1796)
윌리엄 워즈워스 (William Wordsworth, 1770-1850)
월터 스콧 (Sir Walter Scott, 1771-1832)
새뮤얼 테일러 콜리지 (Samuel Taylor Coleridge, 1772-1834)
월터 새비지 랜더 (Walter Savage Landor, 1775-1864)
토머스 캠벨 (Thomas Campbell, 1777-1844)
제인 테일러 (Jane Taylor, 1783-1824)
리 헌트 (Leigh Hunt, 1784-1859)
조지 고든 바이런 (George Gordon Byron, 1788-1824)
퍼시 비시 셸리 (Percy Bysshe Shelley, 1792-1822)
토머스 칼라일 (Thomas Carlyle, 1795-1881)
헨리 워즈워스 롱펠로우 (Henry Wadsworth Longfellow, 1807-1882)
에드거 앨런 포 (Edgar Allan Poe, 1809-1849)
에드워드 피츠제럴드 (Edward Fitzgerald, 1809-1883)
알프레드 테니슨 (Alfred Tennyson, 1809-1892)
엘렌 스터지스 후퍼 (Ellen Sturgis Hooper, 1812-1848)

로버트 브라우닝 (Robert Browning, 1812-1889)
샬럿 브론테 (Charlotte Brontë, 1816-1855)
헨리 데이비드 소로 (Henry David Thoreau, 1817-1862)
에밀리 브론테 (Emily Brontë, 1818-1848)
아서 휴 클러프 (Arthur Hugh Clough, 1819-1861)
월트 휘트먼 (Walt Whitman, 1819-1892)
조지 맥도널드 (George MacDonald, 1824-1905)
에밀리 디킨슨 (Emilly Dickinson, 1830-1886)
엘렌 마리아 헌팅턴 게이츠 (Ellen Maria Huntington Gates, 1835-1920)
호아킨 밀러 (Joaquin Miller, 1837-1913)
윌리엄 어니스트 헨리 (William Ernest Henley, 1849-1903)
엘라 휠러 윌콕스 (Ella Wheeler Wilcox, 1850-1919)
헨리 반 다이크 (Henry Van Dyke, 1852-1933)
에드윈 마크햄 (Edwin Markham, 1852-1940)
시어도어 루즈벨트 (Theodore Roosevelt, 1858-1919)
알프레드 에드워드 하우스먼 (Alfred Edward Housman, 1859-1936)
햄린 갈런드 (Hamlin Garland, 1860-1940)
리처드 호비 (Richard Hovey, 1864-1900)
러디어드 키플링 (Rudyard Kipling, 1865-1939)
윌리엄 버틀러 예이츠 (William Butler Yeats, 1865-1939)
윌리엄 헨리 데이비즈 (William Henry Davies, 1871-1940)
스티븐 크레인 (Stephen Crane, 1871-1900)
맥스 어맨 (Max Ehrmann, 1872-1945)
아서 채프먼 (Arthur Chapman, 1873-1935)
로버트 프로스트 (Robert Frost, 1874-1963)
칼 윌슨 베이커 (Karle Wilson Baker, 1878-1960)
딜런 토머스 (Dylan Thomas, 1914-1953)